原辰徳

―その素顔―

今井美紀 取材・編

三修社

題字　原辰徳

長く原辰徳氏を取材する中で、グランドで見せることのない顔を知りたいと思った。
それが『原辰徳―その素顔―』のスタートでした。

今井美紀

原辰徳―その素顔―　目次

目次

王貞治

王貞治

彼自身の運が巨人にクジを引かせた

原辰徳が巨人にドラフト指名された80年。さまざまな出来事があった。芸能界では歌手の山口百恵が電撃引退《でんげきいんたい》を表明、10月5日、日本武道館でのファイナルコンサートでマイクを置いた。

野球界では1人の偉大なる大打者がバットを置いた。その年、シーズン30本塁打を放ちながら「王貞治のバッティングができなくなった」とユニフォームを脱《ぬ》いだ。

巨人にとっては、まさに時代の転換期《てんかんき》であり、激動の年だった。当時の長嶋茂雄監督が解任され、代わって藤田元司新監督が就任。現役を退《しりぞ》くことになった王は、助監督としてチーム再建に尽力《じんりょく》することとなる。巨人の未来がまだはっきりとは見えず、何かと暗い話題が多かった中で、原はさわやかな笑顔とともに、チームに新たな風を運んでやってきた。
王は、その時のことを今でもはっきりと覚えていた。

◇明るく、ハキハキ、物怖じしなかった若大将

彼の入団が決まった時に私は引退したから、ちょうど入れ替わりでしたね。実際に会った印象は、とにかく明るかったし、物怖《ものお》じもしなかったし、ハキハキしていました。あれだけ高校時代から注目された選手なのに、お父さんの教育がよかったのか、東海大学で鍛《きた》えられたのか、自分が悪いほうへはみ出そうとするのを抑《おさ》えられるんです。普通あれほど騒《さわ》がれると、少々はみ出しても周りはあまり言わないし、本人もこれくらいならいいだろうと思ってしまいます。ファンが嫌《きら》ってしまうような、そういう要素を持った選手もいるけれど、彼にはそういうところがまったくありませんでしたね。

我々が彼の存在を知った時は、すでに（アマチュア球界での）スターでした。とにかく成績が良かったし、世間的にも常に話題の中心でしたからね。だからプ

口野球界としても、彼は喉《のど》から手が出るほど欲しい存在だったわけです。その彼をドラフトで藤田監督がクジを引き当てて、当時は藤田監督の運ばかりがもてはやされたけど、今振り返ってみると彼自身の運が、あそこで藤田監督にクジを引かせたのかなと思います。

巨人、大洋（現横浜）、日本ハム、広島と4球団競合の末、ドラフト会議で藤田監督が原を引き当てた時は、あまりにドラマチックだった。クジ引きによる抽選《ちゅうせん》が行われた際、大洋、日本ハムの順で抽選が進み、藤田監督は3番目。右手を抽選箱に入れ、底にあった封筒が取りづらく、一瞬、躊躇《ちゅうちょ》し、その上にあったものをつかみ直した。それが、「原辰徳」だった。

長嶋が巨人を去り、王が現役のユニフォームを脱ぎ、「ON《オーエヌ》時代」が終焉《しゅうえん》を迎えた時、現れたニューヒーローは、まさに球界の救世主《きゅうせいしゅ》にもなりうるキラリと輝く存在だった。大学野球界のスーパースターとして名をはせ、人気だけでなく、実績も兼《か》ね備《そな》えていた。

首都大学リーグで3度の最高殊勲《しゅくん》選手、1年生秋のリーグ戦を除いてベストナインに7度輝き、2年生秋と4年生春には三冠王。リーグ通算93試合、362打数144安打、打率3割9分8厘、21本塁打、105打点の数字は、巨人の未来を託《たく》すのには十分の逸材《いつざい》だった。

何度も優勝したりして、〝勝つことのすばらしさ〟を知っている人と、それを知らずにプロに入ってしまった人がいますよね。また、プロに入ってそれなりの仕事をしてチームが優勝した時に、自分がそれなりの貢献《こうけん》をしたと感じている人と、タイトルを獲《と》ってもチームが最下位だったとか、そういう人だと受け取り方も違うし、彼はそういう点ではいい道を歩んできていました。厳《きび》しい面も知っているけど、すばらしい面もありました。

◇助監督時代に見た「ルーキー・原辰徳」

鳴《な》り物《もの》入りでチームの輪に加わった黄金ルーキーに、当時の藤田監督は無条件でレギュラーを与えたわけではなかった。サードには絶好調男、中畑清がいて、セカンドには安打製造機、篠塚和典（現巨人コーチ）がいた。東海大学時代にホットコーナー（三塁手の呼称）を任《まか》されていた原は、セカンドへコンバートされ、篠塚との定位置争いを制して開幕スタメンをもぎ取った。その後、中畑の怪我《けが》に伴い、サードへ再コンバートされ、レギュラーを不動のものにした。その一連のサバイバルを、王は冷静な目で温かく見守り、原を一流プレーヤーへの道に導《みちび》いていった。

私は助監督という立場で、常に監督と選手の間に立っていましたが、私の専門は打撃《だげき》なので、野手寄りという目線で見ることが多かった。

彼は最初セカンドからスタートし、慣れないポジションに戸惑っていたけれど、やっぱり試合に出るということは選手としてはうれしいわけです。試合に出られないのが一番つらいですから。そういう点では、チームとしても期待がすごく大きかったし、彼のバットに期待するところもありましたからね。中畑の故障があったけれど、サードを任されてそのままずっと定着した。自分の実力で獲得《かくとく》したポジションなんですよ。

我々の世界は瞬間的な勝負ではなく、瞬間的な勝負の積み重ねの1年。1年間しっかりとやって、「こいつじゃなきゃ」と周りに思わせた選手がレギュラーになれるんです。彼はそれを十分周りに示して「サード・原」を納得《なっとく》させたわけですからね。

彼を怒ったことはほとんどないかな。怠慢《たいまん》なプレーを巨人はすごく嫌うんですよ。

1年間が勝負だから、たまにふっと気が抜ける時もあるけれど、そういうのが10回ある選手は5回にしないといけない。怠慢プレーをなくす一番いい環境は、選手同士の競争が激しいということです。選手は監督やコーチに怒られてもどうってことないけど、試合に出られなくなる

ドラフト1位指名の原と王助監督が初対面（1980年11月26日）

のは一番困るから。

一流プレーヤーであり続けることは、周囲の期待に応《こた》え続けることでもある。しかし、「周りのため」に何かをするのであれば、それは長続きしない。期待され続ける環境の中にいながらも、自分と向かいあい、自分と戦い、己《おのれ》を律《りつ》する強さがなければ、一流の、さらに上を目指すことはできない。

王は、まだ若かった原を見つめながら、「自分自身のそれまでに歩んできた野球人生の道のりを重ね合わせる瞬間が、幾度《いくど》となくあった」という。

高校・大学とエリートで、プロの中でもエリートで居続けることの難しさは、他人《ひと》のためにとかは関係なくて、「自分がどれだけ自分の仕事に満足できるか」、それから「自分をもっと高く極めたい」という、そういう思いがあるうちは伸びるんです。もちろん、若い選手、レギュラー選手、常にタイトルを競う人たちとでは目標の高さは違うけれどね。

私は常に「自分のため」にやる、という考えでした。「他人《ひと》のため」というと、言いわけしたりするから、「自分のため」だったら言いわけも何もできません。自分が納得いかないから、自分のためにやる。私はそう思っていました。周りの期待の大きさや、精神的・肉体的なしんどさに負けないためにはそう考えるべきで、それでよかったと思います。

彼は、自分はスターとしてどうあるべきか、常に周りから自分の行動を注目されているという意識を持っていた。また、常に話題を集めている人間が往々《おうおう》にして陥《おちい》りやすい慢心《まんしん》さはなかった。厳《きび》しいお父さんの教育もあっただろうけれど、そういった人間性が結果的に、2度の巨人の監督につながっているんでしょう。

ただ野球がうまいというだけだったら、球団から監督要請《ようせい》は来ないでしょう。野球をやることによって人間形成ができて、それが現在の立場になっていると思います。

◇敵将から見た「原辰徳」

巨人監督としての王は88年、チーム優勝を逃《のが》した責任を取る形で、チームを去ることになる。

采配《さいはい》をふるった5年間で、リーグ優勝したのは1度だけだったが、3位、3位、2位、1位、2位と、すべてAクラス入り。それでも、常勝を義務《ぎむ》づけられたチームの指揮官としては、「結果を残せなかった」と球団に評価された。

原もまた、同じだった。02年から巨人の監督を務め、いきなり日本一に輝き、2年目は3位。フロントとの確執《かくしつ》もあって、その年限りで退団。

再びユニフォームを着ることになった王は、95年、福岡ダイエー（現ソフトバンク）ホークスの監督に就任。昨季08年限りで勇退《ゆうたい》するまで14年間、巨人を、そして原を、敵将として見続けてきた。


彼が解説者の時は、あまり会ったことないですね。うちの試合はあまり観に来なかった気がします。その頃はホークスはお呼びじゃなかったから（笑）。私もそうだったけれど、彼も常に第一線でやってきたわけです。だから自分がプロ野球界という輪の中にいないのに、いた時と同じようにプロ野球界が華々《はなばな》しく動いていってしまうというのは、大変寂しく感じるものです。

一球一球ヤキモキしないといけないというところから解放されて、辞めた当初はホッとするものです。とくに晩年はそういうことから早く抜け出たいという気持ちが生まれがちです。

だけど、実際そうなってみると、それほど楽しいわけでもない。「毎日ゴルフができる！」という解放感も最初だけです。思い描く楽しみとはまったく違います。そういうのは、引退してプロ野球界という輪の外に出てみて初めてわかることではないですか。

だから大体の人は要請《ようせい》があれば、またユニフォームを着るんです。やっぱりあの一球一球の緊張感だとか、心のときめきとかというのは、言葉では言い表せません。ずっとその中で生きてきたんだから。私も彼も高校の時からそういう環境

試合前の原と王（2006年5月16日 東京ドーム）

で育ってきているから、それが当たり前なんです。

選手は自分が打てなかった理由というのがわかるもの。言いわけではないけど納得できる部分があるんです。でも監督はなかなかそういう気になれない。

監督というのはチームの〝ドン〟であって、鉛筆で言ったら「B」みたいじゃないといけない。太くて丸くて柔らかくて、みたいなね。ところが選手は「H」というか、いつでもとんがっていないといけない。同じユニフォームを着ているけど全然違いますよ。


偶然《ぐうぜん》にも、王と原、ともに44歳で巨人の監督に就任している。原は2年で退団し、王は5年で慣れ親しんだチームを去ることになった。王は、それから巨人ではなく、ダイエーの監督として現場復帰するまでに、7年もの歳月を費《つい》やした。その後、巨人からは何回かにわたって、監督復帰の極秘《ごくひ》要請が水面下でなされていた。しかし、そうした誘《さそ》いに、王は「いつまでも〝ON《オーエヌ》の時代〟じゃない。巨人は若い指導者を育てていかないといけない」と固辞《こじ》した。

ユニフォームは麻薬《まやく》みたいなもの。そう話す、あるコーチの言葉を聞いたことがある。

一度脱いでも、またすぐ、着たくなる。「一球一球の緊張感」や「心のときめき」というものは、体験した者でなければわからない最高の快感であり、想像を絶するようなプレッシャーもまた、それに変わる。しかし、そうした立場に立てる人間は、選ばれし者だけに与えられた特権だ。

あの長嶋茂雄ですら、80年に巨人監督を解任されてから再びユニフォームを着るまでに13年もかかった。そう考えれば、わずか2年で巨人監督に復帰した原は、たぐいまれな強運の持ち主であり、選ばれし者の中でもさらに選ばれた人間と言えるのかもしれない。

それは、原に与えられた「使命」なのではないか、と王は感じている。

2年後に再び巨人から監督要請が来たというのは、球団が彼以外の他の選択肢《せんたくし》がなかったからかもしれない。でも、これは、その人その人の持っている運というか、人生そのものがどうなるかは決して自分で決められる事ではありません。監督復帰は彼自身の考えだけで決められたことではない。そういう要請が来なければ、なりたくてもなれないんだから。

そういうことに対して、自分が本意だろうが不本意だろうが「もう1回再チャレンジしてみよう」という最終的な結論に彼が到達した時に初めて、新しい監督生活が始まる。今度は2年間、ちょっと距離を置いて、いろいろ見てきた部分で、こうしてみようと思ったことが実践《じっせん》できる。02年から監督を続けてやってしまうよりは、少し冷静に見られる期間があったというのは、彼にとってはよかったのではないでしょうか。

巨人の監督に求められる資質《ししつ》は、やっぱり勝つこと。それと紳士《しんし》であること。今回、彼がWBCの監督に指名されたように、巨人がいずれは世界一を争うチームになるということが正力松太郎（巨人初代オーナー）さんの理念なんだけど、それを彼は十分理解しているし、それに見合う考え方や行動が彼と適合しているんだと思います。

それに、なにより原監督は明るい。そして、野球が攻撃的。まだ若いんだから失敗を恐れずにどんどんやって欲しい。私のような20年先を歩んできた者が、言えるとしたらそれしかありません。

彼は、選手が自分の作戦通り動いてくれなくて「ちくちょー」とか、腹の中で思っているだろうけど、そういうのを決して表《おもて》に出さないというのがすごい。ファンからすれば頼《たの》もしく思えるんじゃないかな。まだ監督になって年数もそんなに経っていないし、これからますますファンがどっしり見ていられるような、そういう監督になっていくと思いますよ。

現在が100%とはいえないけど、これぱかりは経験を積まないと。日本中の巨人ファンの期待を背負っているわけだから。

巨人ファンは、試合のプロセスよりも最終的に勝つことを求めている人が多いんです。球場から帰る時に「勝ってよかったね」と言いながら、家に帰ってスポーツニュースを見て、翌日スポーツ新聞を読む、そういう巨人ファンの特質みたいなものってあるよね。そういう人たちに支えられて、巨人の球団経営というのは成り立っているわけだから、他の11球団のファンとは異質です。

熱狂的《ねっきょうてき》だけど、紳士的だし、すごく厳しい。勝ち負けにこだわるというか、他の11球団のファンよりも、勝てばいいけど勝たなければ、しっかり批判もするし、それを物を投げたりという形では表さないけど、気持ちの中にそういうものをすごく持っている人が多いです。それだけ期待が大きいから。

勝つことこそ、すべて。勝負の世界の大原則であり、絶対的な鉄則であることを、王は身をもって知っている。ダイエー監督の2年目。開幕ダッシュに失敗し、最下位に低迷していた96年5月9日、日生球場での近鉄戦で敗戦した試合後、ファンから激しい罵声《ばせい》を浴《あ》びせかけられ、乗り込もうとしたチームバスに生卵をぶつけられる暴動寸前の出来事を経験。野球人生最大の屈辱《くつじょく》だった。しかし、それは、ファンの期待の大きさの裏返しであることを、王は同時に学んだ。

常勝を義務づけられたチームの指揮官は、勝利以外に求められるものはなく、孤独なものだ。それでも、それを癒《い》やしてくれるのは、ファンの熱い声援《せいえん》。だから、勝つしかないのだ。

そして、今年は巨人だけでなく、WBC監督として、原監督には勝利が求められる。第1回大会で王JAPANとして初代世界一に輝きながら、その激務《げきむ》の代償《だいしょう》として、王は病魔に侵《おか》された。日の丸を背負うプレッシャーに、あのミスターも押しつぶされ、志《こころざし》を半《なか》ばにして倒れた。

気休めの言葉なんか、そう簡単にはかけられない。それでも、王はあえて、気休めとはわかっていても、エールを贈《おく》る。

当初、WBC監督として最有力視されていたのは、北京五輪野球の日本代表監督を務めた星野仙一だった。にもかかわらず、急転、原が重責《じゅうせき》を担《にな》うことになった。それは、退団してわずか2年で巨人監督に復帰することが決まったように、原の「運命」であり「使命」であることを、王は理解している。

◇託したWBC監督、そして連覇への道

私がWBCの監督をした時は気楽にできたけど、今回はそうはいきません。彼はそれを十分に理解しているでしょうけど、やはり監督として誰かが決まればそれで苦労するのは当たり前のことです。

彼は去年（08年）の後半、阪神と13ゲーム差あったのを引っくり返したという監督としての手腕《しゅわん》、それから巨人の監督は〝野球界のリーダー〟であるということはファンも思っているし、巨人軍は常勝球団という王道を行く野球をやる球団

に戻って欲しいと願っているオールドファンもたくさんいる。そういう中でがんばって、あれだけのメンバーを集め、チームの将《しょう》として率いるのは、やはり彼が一番ふさわしいのではという結論で任命されたのです。

監督を引き受けた以上、スタートしないと結果は出ないから、そんなことは考えないで、思いきってやればいいんです。彼も以前話をした時に「思いきってやります！」と言っていたから頼もしいね。もちろんプレッシャーはあるだろうけど、彼ならベストオーダーを組んで最善のプレーをやってくれるだろうと信じています。

WBC第1回の時は、日本人メジャーリーガーは大塚（前レンジャーズ）とイチロー（マリナーズ）だけだったけど、今度はイチロー、松坂（レッドソックス）、城島（マリナーズ）、福留（カブス）、岩村（レイズ）と5人いるでしょ。次の大会はもっと多くなるかもしれないね。そうしていかないといけないんです。

日米野球で、我々がやった時は勝負にならなかったけど、今は相手も真剣にくるというレベルになったのは、諸々《もろもろ》の積み重ねがあったからなんです。これは日本の野球の歴史から考えたら喜ぶべきことですよ。

日本からメジャーに行った選手を球団が「あいつがいればな」とかなんだかんだ言ったところで、仕方ないんです。

城島がシアトルに行った時も、私の本音《ほんね》は「残ってくれ！」だったけど、言えないじゃないですか（笑）。いてくれるのがいいに決まってるんだもん。だけど、これは城島の権利だし、選手としてもっと高い所で勝負したいと思うのも理解できるしね。今回日本の選手がＷＢＣに行った時に、メジャーで戦っている選手が5人もいてやるということは、プレッシャーを感じる部分がそれだけ少ないです。自分たちは彼らの中に入っても十分できるんだと、胸を張って堂々と自信を持ってプレーして欲しいです。あとはそのチームを率いる原監督が選手のやりやすい環境作りをすればいいんです。いかにやりやすい環境とモチベーションを高く持たせるか、ということが監督の仕事ですから。

球界は次世代のスターを育てていかなければならない。選手としても、指導者としても、若手育成が急務《きゅうむ》であることを、王は力説《りきせつ》し続けている。原への全面支援を打ち出し、陰《かげ》ながらサポートし続けているのも、そうした考えに基づいている。

日本の有望選手の海外流出に歯止《はど》めがかからず、懸念《けねん》する声が球界全体に広がっている中で、王は「第2の原辰徳」を生み出すためにも、選手のメジャー挑戦をむしろ、奨励《しょうれい》する考えを持っている。

今のしくみからすると、力のある選手がメジャーに行きたがるのは当然だと思います。行かない選手のほうが「おまえ何してんだ！」と言われる時代ですから。一番最初に野茂がアメリカに行った時は批判も多かったけど、パイオニア精神を持って道を拓《ひら》いて、現実に彼は年金がもらえる資格まで取りました。彼の後に佐々木、長谷川、大塚など次々と投手が向こうに行きましたよね。打者はイチローがまず行って、今はその道は完全に拓かれているわけだから、「俺は行かないよ」と言うのは、むしろ不自然な流れでしょう。

やはり技術の世界だから、より高い所があるならその山に登りたいと思うのと一緒で、そういう気持ちを持つのは当然だと思います。日本のプロ野球は彼らに続く選手を育てればいいんですよ。

選手は、昔はプロを目標としていたけど、今は最終的にはメジャーという高い目標ができたというプラスの方向で考えないといけない。何を言ってもメジャーに行きたいと希望している選手の思いが変わることはないでしょう。だからそんなことより自分たちがもっともっと底辺を広げ、野球の指導法もしっかり確立させて、多くの選手のレベルやプロ野球全体のレベルも上げて〝最終的にアメリカでプレーするんだ〟というふうにプラスに考えていかないといけません。

◇すばらしきかな、野球人生

選手として22年、監督として18年。王は自分自身の野球人生にひと区切りをつける決断を下した。

18歳でプロの世界に飛び込み、気がつけば今年で69歳。駆《か》け抜けた50年。振り返って、だから、今、原に贈る言葉は熱くて重い。

昨年、パーティで会った時、彼に「長い間お疲れ様でした」と言われました。

そんな言葉はなくてもお互い十分、わかること。プロ野球人として50年も生きてきて、彼とも何年も関わりがあって一緒にやっている。お互いのことを他のどの選手より理解しているというのもあるしね。逆に彼からすると後輩だから、我々のような先輩に対して言いにくい部分はあるんじゃないかな。

彼はともかく、私は自分で人生は終わってみれば「本当にすばらしい人生だった」と言えると思うんだよね。だから彼はいつ私と同じような立場になるかわからないけど、その時に「わが人生に悔《く》いなし！　すばらしい人生だった」と言えるような、そんな野球人生にして欲しいな。

プロフィール

40年5月20日生まれ。

59年巨人に入団。4月26日の対国鉄スワローズ戦で初本塁打。62年初の本塁打王に輝く。64年シーズン55本塁打。77年9月3日、対ヤクルト戦で鈴木康次郎投手から、ハンク・アーロンの記録を抜く通算756本塁打を放ち、その年日本人初の国民栄誉賞を受賞。

80年11月4日現役引退を表明。81年巨人の助監督に就任。84年巨人の監督に就任。

95年福岡ダイエーホークスの監督に就任。99年チーム初のリーグ優勝。日本一に。

06年3月WBCの日本代表チーム監督に就任し世界一に。

08年10月7日福岡ソフトバンクホークス監督を退任。

09年1月 福岡ソフトバンクホークス球団取締役会長に就任。

江川卓

怪物と若大将の意外な関係

80年代、巨人の4番は原辰徳で、エースは江川卓だった。

若大将が夜空に大きな弧《こ》を描く、独特の軌道《きどう》を持つ本塁打を放ち、元祖怪物が剛球で快投乱麻《かいとうらんま》の奪三振ショーを演じる。巨人ファンにとってはこの上ない至福《しふく》の瞬間だった。

◇最初で最後の「真剣勝負」

2人は知られざる接点をいくつか持っている。
巨人のユニフォームを着て、ともに戦い、汗を流したのは81年から87年の7年間だけ。しかし、それ以上に濃密《のうみつ》な時間を過ごし、信頼関係を築き、固い友情で結ばれていることは、あまり知られていない。

最初の2人の出会い。それはマウンドと打席での「真剣勝負」だった。

77年秋。江川が法政大学の4年、原が東海大学の1年の時。明治神宮野球大会で、2人は初めて対峙《たいじ》することになった。

初打席でホームランを打たれたんですよ。1年生だと思ってナメていたらびっくりしました。「これは並の選手じゃない」と。コースはインハイだったけど、少しベルト付近に甘くなったのかな。まさかホームランを打たれるとはね。4打席目の最終打席では、僕の意地で三振を取らせていただきました（笑）。いい対決ができたなっ

東海大・原が法大・江川より左翼席へ本塁打（1977年11月6日）

て、思いますよ。

結果は4打数2安打1本塁打。

江川は当時、この大会の後にドラフト会議を控え、何かと注目されていた。1年からエースとして活躍《かつやく》し、76年から77年までの法政大学4連覇《れんぱ》に貢献《こうけん》。東京六大学史上2位の通算47勝を挙げ、ベストナインを6度受賞するなど、大学野球のスターだった。そんな男と、新たなニューヒーローの対決は、大きな注目を集めると同時に、原にとってもさらに飛躍《ひやく》するための大きな自信をつけることにもなった。

当時の原さんは雰囲気がありました。普通の1年生と違って、「絶対に打ってやる！」という気迫《きはく》を持って打席に入っていました。松井君（現ヤンキース）や清原君（前オリックス）みたいに体が大きいという感じはしなかったのですが、全体的なバランスがよかったですね。

◇「同じ釜の飯を喰う」

初めての対決を経て、お互いの力を認め合った2人は、明治神宮野球大会後の日米大学野球の代表メンバーに選ばれたことで、さらに距離が縮《ちぢ》まった。この4年後に、まさか巨人のユニフォームを2人とも着ることになるとは、まだ思いもしなかっただろう。一足早く、同じ「JAPAN」のユニフォームに袖《そで》を通し、時間を共有することで、お互いを知った。練習後には一緒に食事に行き、野球について、自分自身について、語りあった。そうした時間は、巨人に入ってからも、実は変わらなかった。「チームの中で一番、彼と食事に行ったんじゃないかな」と江川は振り返る。

実は、原にとっても、大学時代の江川との思い出は決して忘れられないものとして、記憶の中に刻《きざ》まれている。日米大学野球の合宿で、1年生の原が、宿舎で、1人で荷物を運んでいた時、なんと4年だった江川が近づき、荷物運びを手伝ってくれたことがあった。それから十数年後、そのエピソードを聞かされた江川は、まったく覚えていなかったが、プロに入ってから2人で行った自主トレのことは、鮮明《せんめい》に覚えていた。

伊豆で一緒に自主トレをしたこと。当時はたいてい、自主トレは1人でやることが多かった。僕がプロ入り3、4年目の時に、チームの合同自主トレが始まる前の1月くらいでしたかね？　彼から誘《さそ》われたんですよ。2人だけで、伊東で、10日か2週間くらいやりました。午前中はゴルフ場を走って、午後にラウンド、夜はマッサージといった感じでした。

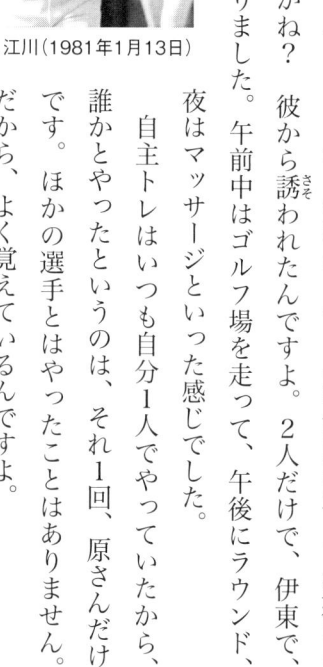

自主トレはいつも自分1人でやっていたから、誰かとやったというのは、それ1回、原さんだけです。ほかの選手とはやったことはありません。だから、よく覚えているんですよ。

多摩川グランド走る原と江川(1981年1月13日)

エースと4番がオフに2人きりで自主トレをするのは、今でも珍しい光景だ。それだけ、信頼関係がしっかりと築かれていた、ということだろう。2人は常に、お互いを認め合い、尊重、尊敬しあえるような成熟《せいじゅく》した関係だった。

当時、僕は打たれたりするとすぐ頭に血が上って、マウンドではカッカカッカしてしまうタイプだったんですが、そんな時、よく彼はそれを察知《さっち》して、タイミングよくマウンドに来てくれた。一番来てくれたんじゃないかな。「がんばってください」と励ましに来てくれました。点差がある時などは、「終わったらどこかに出かけましょうね」と言ってくれたりして、ほっと肩の力が抜けましたよ。

こんなこともありました。一回、マウンドで投球動作中にこけてしまったことがあったんですけど、サードで彼は大笑いしてましたね。今でも忘れません！

一番大事なのは、お互いが信頼しあうということです。自分が打った時に勝てない、またその逆のケースになるとどうしても不信感《ふしんかん》を持ちがちなんですが、そういうことがまったくありませんでした。それだけ信頼関係が厚かったのでしょう。それは言葉で築いていくものではありません。

僕が好きな言葉に「同じ釜《かま》の飯《めし》を喰《く》う」というのがあります。一年のほとんどを一緒に過ごしますので、性格から何から自然とわかってしまうんです。そういった生活の中で、彼は一番信頼のあった野手《やしゅ》の1人でした。一時、チームが非常に強い時期がありましたが、それは僕と原さんの関係だけではなくて、野手と投手、お互いの信頼が厚かったからじゃないですかねぇ。

言葉はいらない。言葉に出して、確認しあうようなことがなくても、相手のことがわかる。わかりあえる。そういう関係を築ける相手に巡《めぐ》り会えることは、人生において、そうあるものではない。

だから江川は、原に感謝する。出会えたことを。同じ時代に「仲間」として「同志」として生き抜いてきたことをうれしく思いながら、その一方で、少しだけ、残念な気持ちを抱《いだ》く。なぜなら、そういう男と、あの大学生の時に実現して以来、その後、二度と「真剣勝負」をできなかったからだ。

だから、ふとした時、いたずら心に火をつけて、叶《かな》うことのなかった原との対決を、想像の中で膨《ふく》らませる時がある。

インコース高めのボールで空振りをとるのが大好きだったので、どんどん投げていたんでしょうね。バッターが一番ホームランを打ちやすいコースの近くに投げて、空振りをとる、そういう対決を楽しめる選手の1人だったんです。いい勝負ができたでしょうね。

この勝負はね、相手もそこに来ることがわかっていながら、こっちもそこに行く。言わないまでも、お互いわかっていながら対決をする本当の勝負なんですよ。技術力があったり、ホームランバッターでないと、こういう勝負はしたくないんですよ。したくないというより、しようと思わない。相手の力を認めあいながら、認めあうからこそできる対決で、そうでないとやりたくないものなんです。

お互いのことは知り尽くしていましたから、そういう勝負を望んだんだと思います。おそらくカモにされていたでしょうけど。実際にそのような勝負ができたのは、掛布さん、落合さん、山本浩二さん、そんなタイプでしたね。

◇「ハラタツノリ」という銘柄のワイン

江川はシーズン13勝を挙げた87年オフ、右肩の限界を理由に、ユニフォームを脱いだ。その後、野球解説者として活躍《かつやく》。一方で、ワイン通としても知られるようになり、ソムリエの資格を取得。そのワインを通じて、原とさらに友情が深まったことは、あまり知られていることではない。「僕のワインの師匠は江川さん。お金を渡して、『これで覚え始めるのにいいワインを選んでください』とお願いしたこともある」という原の言葉に、江川は照れ笑いを浮かべながら、話を続けた。

師匠《ししょう》というほどではありませんけどね(笑)。僕がワインを始めたのが27歳の時。原さんがプロ入りして間もない時にワインを一緒に飲み始めたので、それでそういう印象が残っているのかな。

プロ野球選手は何かに凝《こ》りだすと、とことん追求してしまいますから、たぶん一番ワインに凝り出した時に原さんと出会ったのでしょう。

彼がお好きなワインは「シャトー・ラトゥール」。ボルドーの標準のワインです。クセがないんで彼らしいですね。ノーマルというか、柔らかくて、おいしい。特徴を探すと、クセがないこと、でしょうか。

ボルドーのワインは一番女性的と言われていますが、日本人の一般的なイメージと逆なんです。ボルドーとブルゴーニュが代表的なワインなんですが、ブルゴーニュのほうが女性らしく感じます。ボルドーのほうがちょっと飲んだ感じが重いので男性的に思うのですが、ヨーロッパでの感覚は逆なんです。なぜかと言うと、ボルドーのワインは基本的にぶどうを2種類以上混ぜるので、それが女性っぽいという表現になります。ブルゴーニュは1種類のぶどうで作るので男性的という表現になるんです。

原さんは、原さんらしい、非常にノーマルな飲み方をしているんですね。WBCで戦う原監督にあえてワインを贈るとしたら、サンディエゴで戦うわけですから、「カリフォルニア・ワイン」ですかね。カリフォルニアという名前はついていますが、実際にぶどうができるのはサンフランシスコのちょっと北側。場所的な違いはありますが同じ西海岸ですから縁起《えんぎ》を担《かつ》ぐという意味で。銘柄《めいがら》で言うと「オーパスワン」。ラトゥールがお好きということですからね。ラトゥールからそれほど遠くないワインですが、より強く、コクがある。クセのない中にも強さがある。原さんにピッタリじゃないかな。

ワインは、人を表現する。

江川の言う「クセのないノーマル」な原の性格も、現役時代から監督になって、少しずつ変化が見られるという。ワインの好みが年齢を重ねるごとに変わっていくように少しクセがあり、しかし、決して雑味《ざつみ》がなく、ふくよかで、後味のしっかりとした奥深さを、監督としての原辰徳から、江川は感じる瞬間がある。

選手の時は、性格もモノの考え方もノーマルだった。選手は自分だけの感覚でできるけれど、監督はそうはいかないでしょ。監督になってからは、性格的にもインパクトが強くなったのかな。選手を使う側になると、押しの部分も必要でしょ。変化が表れていますよ。

02年の監督就任1年目と比べても若干違《じゃっかん》いますね。最初は迷《まよ》って野球をやっていたなと思いましたが、昨シーズンを見ても坂本選手を開幕からずっと起用したり、自分の眼力《がんりき》でいいなと思う選手をどんどん使っていこうという意識が強くなっています。〝選手を見る目〟がついてきたんでしょう。

昨シーズンは春先に使えると思った選手が次々と怪我をして、〝代わりの選手を育てよう〟という意識を持って臨《のぞ》んだ1年間だったと思います。今シーズンはその意識が花開いていくでしょうね。前にも彼は「自分の仕事は、レギュラーの選手を使いながら、新しい、若い選手をどんどん育てていくこと」と言ってましたから、そういう方向になっていくでしょう。

◇きっと、いつか、「巨人愛」のもとで

監督の立場にある「同志」を、江川はグランドから、ほとんど声をかけることをしない。野球取材の現場で、たまに2人が顔を合わせると、原には「(グランドに)降りて来いよ」と誘われる。それでも、江川は頑《かたく》なだ。「現場と解説者という立場の違いがありますから、あまり距離を近づけても、と思い行かないようにしています。そこで大事な話をして、もしもほかにその情報が漏《も》れた場合、お互いイヤな思いをすることになりますから」。独自の野球解説をするためにも、自らに課すルールを破ることなく、守っている。グランドで戦う監督、コーチ、選手とは、一線を引く。それが江川のポリシーなのだ。

原さんが一度監督を離れた04年、05年は同じ解説者という仕事をしていて、すぐ近くにいましたから、お互いの「野球観」がわかりました。判断力が強くなったなと感じましたよ。「こういうケースでどうしゃべるか？」とかで、それはわかりますから、原さんのことも勉強できた2年間でした。向こうも僕のことを少しはわかってくれたのかな。お互いを知っているから仕事もしやすかった。解説者時代の2年間が原監督の性格というか感覚を強くしたんじゃないでしょうか。

彼とは先輩後輩になるんですが、今は原さんが立派に監督をやられていて、最高のチームを引っぱっていますので、それを拝見《はいけん》しながらこちらも勉強しているような感じです。〝お互い違う立場、違う見方で野球を勉強している〟とこちらは思っています。

ユニフォームを着てチームを率《ひき》いる監督と、それを伝える解説者という立場の違いがありますからね。食事などプライベートで行くと、気を遣《つか》って、チームのことなどをいろいろと話してくれたりするんです。だから、現役をされている間は、遠慮《えんりょ》しようと思っているんです。お互いに立場を考えなくてよい状況になったら、昔のような関係が自然と戻るでしょう。またそれはそれで楽しみです。

ここ数年、巨人のお家騒動《いえそうどう》が勃発《ぼっぱつ》すると、江川の復帰待望論が沸《わ》き起こる。堀内前監督から原監督への移行の際、「江川監督」を推《お》す声や、一時期は「原監督―江川ヘッドコーチ」というウルトラプランも水面下で極秘進行した。

ただ、周囲がいくら騒いでも、堅い信頼関係で結ばれる2人が、雑音に惑《まど》わされることはない。2人が手をがっちり結ぶ時に、言葉はいらない。きっと、いつか、どういう形であるにせよ、「巨人愛」のもとに、2人は肩を並べるだろう。

プロフィール

55年5月25日生まれ。栃木県出身。作新学院高校時代、ノーヒットノーラン9回・完全試合2回を達成し「怪物くん」と呼ばれる。その後、法政大学に進学し、通算47勝は史上2位、完封試合数17はリーグ記録。79年阪神から小林繁と交換トレードで巨人へ。

81年、最多勝、最高勝率、最優秀防御率、最多奪三振、最多完封の「投手五冠」に輝く。

84年オールスターゲーム第3戦で8連続奪三振を記録。87年現役引退。

現在、プロ野球解説者として活躍中。

松井秀喜

日本一の翌日、僕は冷水を浴びせかけた

新世紀の幕開けとなった01年から、巨人は激動期に突入した。

その年の9月、偉大なるミスター、長嶋茂雄から、永遠の若大将、原辰徳へと監督が代わり、新時代のスタートを予感させた。翌02年、チームは原新監督のもと、リーグ制覇《せいは》を成し遂《と》げ、宿敵・西武を無傷の4連勝で破って悲願の日本一。しかし、絶頂期《ぜっちょうき》を極めたのもほんの一瞬で、その後、チームは階段を転《ころ》げ落ちるように低迷期へ。原監督の野球人生もまた、苦難と波乱に満ちたものになる。

それは、不動の4番、松井秀喜によるメジャー挑戦、ヤンキース移籍《いせき》から始まった。

02年オフ、チーム日本一の余韻《よいん》は、松井のFA宣言によって吹き飛んだ。

4番流出というだけでなく、チームの精神的支柱《しちゅう》を失うことに、原監督の胸中《きょうちゅう》は、言葉では言い表せないほど複雑なものだった。連覇を目指す上で、戦力ダウ

ンは必至《ひっし》。その一方で、愛弟子《まなでし》の勇気ある挑戦に、エールを贈ってやりたい。絡み合う両極端の思いをいったん飲み込み、原監督は、口を真《ま》一文字《いちもんじ》にして、55番の背中を押した。

ＦＡ会見の時、これからまるで自らの命を投げ捨てにでも行くかのような表情を見せた松井は、あの時、原監督に背中を押してもらったからこそ、憧れ続けたピンストライプのユニフォームを着ることができた、という感謝の気持ちを決して忘れたことがない。

◇原監督あってのGODZILLA

原監督との一番印象的だった出来事、それはたくさんあります。選手として、そしてヘッドコーチ、監督の時も一緒にやっていますから。原さんが解説者時代の時も、ヤンキースのキャンプに来ていただいて、一緒に食事に行き楽しいひと時も過ごしました。その時々、いろいろな立場の原さんと接しているので、それぞれの顔を知っています。

一番印象に残っているのは、ＦＡ宣言するという会見を開いた前夜、原さんに報告した時、おそらく原さん個人としてはチームに残って欲しかったんでしょうけど、「ゴジが決めたんだったら俺は応援する」とエールを贈っていただきました。普通はなかなかそんなこと、言えないですよ。

日本一になった次の日のあるホテルの一室だったんですけど、その日はあちこち引っぱりだこで、すごく忙しくて、伝えたのは夜中の1時ぐらいだったと思います。

優勝して原さんはいろいろな番組に出てうれしくて仕方なかったと思うんですけど、そんな原さんに冷水を浴びせかけるようなことを僕はしてしまいました。しかし、「俺は応援する」とエールを贈ってくれて、温かい広い心で接してくれました。今でも、そのことに感謝しているし、すごく感動しました。

FAの記者会見に向かう松井（2002年11月1日）

監督の気持ちをムダにはできない。恩返《おんがえ》しするには活躍するしかないと思いました。そういう気持ちを持ってくださっている方がいる、自分は何としてもやらなくては、と思いましたよ。アメリカでプレーする上でのエネルギーにもなりました。

松井秀喜が抜けた翌03年、チームは3位に終わり、そのオフ、球団フロントとの確執《かくしつ》などから、原監督は監督就任からわずか2年で、チームを去ることになった。そして、評論家活動に入る。

一方、海を渡ったゴジラは1年目から活躍。公式戦の開幕試合で「5番・レフト」でスタメン出場して初打席、初安打、初打点。ヤンキースタジアムでの開幕戦では、記念すべきメジャー初本塁打を放ち、それがグランドスラム。劇的な本拠地デビューを飾《かざ》ることになった。ヤンキースの新人としては、67年ぶりの100打点以上をマークし、勝負強さも発揮《はっき》した。しかし、期待された本塁打は16本にとどまった。

巨人の4番として、02年に自己最多のシーズン50本塁打を放った長打力を、1

年目はメジャーで発揮できなかった。「巨人の4番」を担《にな》い続けたプライドにかけて、原監督、そして日本のファンへ恩返しするためにも、松井はいかに本塁打を量産できるかを必死に考えた。

その結果、上半身の強化に取り組む、という1つの結論に達した。

メジャーの投手の投げてくる直球は、すべて手元で微妙《びみょう》に変化する。ギリギリまで手元に引きつけ、見極めてからバットを出すには重心を低くし、コンパクトに振り抜くことが求められる。しかし、飛距離が落ちてしまう。それを補うには、上半身を鍛《きた》えるしかない。

オフの間、寸暇《すんか》を惜《お》しんでウエイトトレーニングに励《はげ》み、そして臨《のぞ》ん

自己最多50号ホームランの瞬間（2002年10月10日）

だ決意の2年目、米フロリダ州タンパでの春季キャンプ。評論家となった恩師の訪問を受けた松井は、励まされ、勇気づけられ、自分がオフに取り組んできたことが決して間違っていなかったことを確信した。

自分の肉体を見ただけで、その変化をすぐに見抜き、肉体改造に取り組んだ理由すらも原は理解していた。「ゴジ、きっと今年は35本、打つよ」。その言葉に、松井は自身の2年目の飛躍へ、不安を吹き飛ばし、自信を持って挑《いど》むことができた。

実際、2年目の松井は、原の予言には4本足りなかったが、31本塁打を放った。

◇人生の〝ピンチ〟に「原辰徳」

巨人に入団した頃、原さんはすでに4番でしたが、僕はまだ高校生だったので近寄りがたかった。

ひと言も話せなかったですね。緊張なんてもんじゃない。

ただでさえテレビで見た人が目の前にたくさんいるのに。

18歳で入ってきて、当時キャンプの宿舎はみんな2人部屋だったんですけど、いきなり篠塚さんと同じ部屋ですよ。どういう日々を過ごしていたか、想像してください（笑）。部屋にいるほうが緊張します。

1年目でどこに行っていいのかもわからないし、自分の居場所を探すのにも苦労しました。練習のほうが気が休まりました。

そんな1年目の僕にとって、原さんは近寄りがたい雰囲気がありました。

それでも、2月のキャンプに入ったばかりの時に、原さんから話しかけていただいたり、宮崎の宿舎の近くで、食事に誘《さそ》っていただいて行ったお店はすごくおいしかったです。非常によく覚えています。

選手時代の原さんとは3年間一緒にプレーしたんですけど、最後のほうは試合に出ないことのほうが多かったです。

とくに引退される年（95年）は、心中穏やかではなかったと思いますけど、文句をひと言も言わず、じっとベンチに座って、グランドに声を出して、チームを応援しているんです。

僕はまだまだ3年目の小僧でしたけれど、すごい人だなって思いました。なかなかできないことだと思いました。

◇衝撃の〝原マジック〟

多くの思い出とともに、今がある。
原監督と過ごした時間、常に勇気づけられ、励まされ、背中を押《お》されてきた。
日本一にもなった。
その時の、決して忘れられない1シーンがある。

僕がいた頃はオーソドックスな野球をしていましたが、たまに奇策《きさく》に出たこともありました。

「代打・桑田」というのがありましたね。見事に成功しました。あの時ベンチにいたのは、桑田さんと僕の同期でキャッチャーの村田（善則）だったんです。村田がしょんぼりとしながら「桑田さんが代打っておかしくない？」と聞いてきたから「仕方ないじゃん。俺が監督でも桑田さんを選んでたと思うよ」と答えてやりました（笑）。

02年6月19日の横浜戦。3対3のまま延長11回にもつれ込み、先頭の松井秀喜が四球で出塁。無死一塁となった場面で、原監督が敢行《かんこう》した「代打・桑田」の奇襲采配。バントと思いきやバスターが決まり、その後、仁志の決勝打を呼び込んで、巨人は劇勝。Vロードを突っ走るきっかけにもなった。

あの年は原さんの作戦は何もかもうまくいっていたイメージがありますからね。戦力的にもバランスもよかったし。一緒に巨人のユニフォームを着て、同じ4番を打った人間同士として、また何か、どこかで縁があればうれしいです。

巨人を退団してから、背番号55は6年間、空《あ》き番になっていた。それは、松井秀喜がいつチームに戻ってきても温かく迎えられるようにとの、原の思いやりでもあり、配慮だったのではないだろうか。

09年、偉大なる背番号55はドラフト1位のスーパールーキー大田泰示に引き継がれることになった。指揮官の大きな期待が込められているはずである。

プロフィール

74年6月12日生まれ。石川県出身。90年星稜高校に入学。高校通算打率450、本塁打60本。92年ドラフト1位で巨人に入団。93年5月1日、対ヤクルト戦で高津臣吾投手からプロ初本塁打を記録。96年セ・リーグMVP獲得。00年シーズンMVP、日本シリーズMVP、ゴールデングラブ賞を受賞し、巨人の日本一の立役者に。02年シーズン終了後、FA宣言してニューヨーク・ヤンキースと契約。03年対ブルージェイズ戦にメジャー初出場。同年7月のオールスターゲームにも出場。

〈座談会1〉上鶴間中学校同級生

原辰徳の中学校の同窓会は毎年行われている。「末広会《すえひろ》」という名前がついており、同窓会の当日、会長の島貫元陽氏〈剣道部〉の計《はか》らいで、伊藤裕二氏〈野球部〉、石澤秀一氏〈野球部〉、加藤由美子氏〈陸上部〉、宗岡博文氏〈サッカー部〉、酒井洋次先生〈中学2年時の担任〉のほか、十数人の同級生の話を伺《うかが》うことができた。

上鶴間中学一期生の同窓会である「末広会」というのは、原辰徳の背番号「8」から付けられた会名なのだという。末広がりの「八」というわけだ。

◇末広会

島貫　原君の巨人での活躍を観て、僕らは感動をもらってばかりで、何もしてあげられない。それならば、「応援するために一期生で集まろう」というのが、末広会のきっかけです。原君が引退する前年の94年から毎年続いています。

石澤　僕らは全員、原君のことを、当時のあだ名「ハラッチョ」と呼んでいます。これからもずっとその呼び名は変わらないと思います。

伊藤　彼が参加してくれるのは「中学の頃の気持ちに戻りたいから」なんでしょう。すごく素直な奴なんだなと思いますし、そういう人との出会いを大事にしますよね。最初の監督を辞めた会見の直後に電話したんですけど、「俺はこれで終わらない、次見ていてくれ。自分としては今の年代だったらもう1回できると思うから、ここでは一旦《いったん》身を引く。だけどもう一度日本一になりたい」とはっきり言っていました。それでまたああして監督としてユニフォームを着られるんだから、すごいですよね。

上鶴間中学卒業アルバムより（右端が原）

◇転校生・原辰徳

　長嶋茂雄が4打席4三振のプロ野球デビューをした58年、原辰徳は7月22日、福岡県大牟田《おおむた》市で生まれた。大牟田市の小学校に入学したが、父貢《みつぐ》氏の東海大相模高野球部監督就任にともない神奈川県厚木市の小学校に転校する。

　中学校も厚木市の公立中学校に入学するが、中学2年の時に神奈川県相模原市立上鶴間中学校に転校。

伊藤　中学2年生の時に辰徳は転校してきたんだけど、来る前に「東海大相模の原監督の息子が来るぞ」と噂《うわさ》になっていましたよ。僕らが小学6年の時に東海大相模が甲子園で優勝したんです。

石澤　僕と伊藤君と辰徳の3人は野球部だったんですけど、一番仲良くて、毎日一緒に帰っていました。辰徳の家に寄って、伊藤君の家に寄って、僕の家に最後に寄って遊んで帰るみたいな毎日でした。辰徳は野球センス抜群《ばつぐん》でした。

伊藤　私がレフトを守っていて、それまで頭を越えられたことがなかったんですけど、辰徳が初めて練習に参加した日に、いきなり僕の頭を打球が越えたんです！　そのまま校舎にぶつかりました。すごい奴が転校してきたなと思いました。

石澤　右に流してもホームランになっちゃうみたいな感じでした。

伊藤　辰徳の家で初めて貢さんにお会いした時、いきなり「手見せろ！」と言われて、手を触るんですよ。そして「おまえ練習してないな！」と貢さんにゴツンとやられました。辰徳の手は素振りによる〝振りだこ〟がたくさん出来ていました。やっぱり陰でものすごく努力をしていました。

石澤　中学時代から〝プロ〟という目標が彼の中にあったんじゃないかと思います。先輩がいなかったから、部活も上下関係もなく楽しくできました。ただ彼にとってみれば居づらい所だったかもしれません。

上鶴間中学卒業アルバムより（後列中央が原）

◇野球部の練習

父が教えていた三池工業の野球部の練習を子どもの頃から見ていた原にとっては、公立中学校の野球部の練習はもの足りなかったのではないだろうか。

しかも、第1期生ということで先輩が1人もいない。そんな野球部の練習は転校してきたばかりの原が練習メニューを考えるといった具合だったようだ。

石澤　先輩がいなかったんで自分たちで厳しくはやってましたけど、本当の厳しさはなかったです。辰徳から「もっと真面目《まじめ》に練習やれ！」と怒られたことがあります。

伊藤　中3の時に「高校でも一緒に野球やろ

上鶴間中学卒業アルバムより（後列右端が原）

うよ」と相模の練習を見に行ったんですよ。貢監督がレフトにノックをしていて、選手がボールを落としたんです。貢監督に呼ばれてレフトの選手が走って来たあと、ボーンと蹴られたんです。それを見て「僕にはできない」と思いました。

加藤 その時に東海大相模で夏季講習みたいのがあって、みんなで勉強している時に、グランドで原君が高校生に混じって練習しているのが見えて、「すごく羨《うらや》ましいな」と思いました。その頃からすでに高校生レベルにあったのかなって。

◇中学ライフ

伊藤 カッコいいやつがサッカー部にいて、サッカー部の練習には女の子が見学しているというような感じだったんだけど、辰徳が転校してきてから女の子の目が急に野球部に行くようになったんです。転校してすぐの時にラブレターがたくさん下駄箱に入っていたらしく、「このコどんなコ？　どんなコ？」とよく聞かれました。

加藤 学校でキャンプに行った時に、同じバンガローだったんですけど、夜中に食事をしてその時に原君が女の子にもらったペンダントを落としたと私に言ってきたんです。「一緒に探してくれ」と言われて、遅くまで懐中電灯を点《つ》けて探しました。結局見つからなかったですけどね。

伊藤　原君は結構ファッションを気にしてたよね。おしゃれなんですよ。2人でよく『メンズクラブ』を読んでいました。あの頃はアイビーとヤンキーだったんです。彼と知り合ってファッションに興味を持ち始めましたから、よくファッションの話もしました。2人でアイビーを熱く語っていました!

◇骨折した瞬間

原にとって最悪の事故が中学2年の時に起きる。

昼休みにサッカーボールの上に乗って遊んでいたが、バランスを崩《くず》し、右足首を捻《ひね》ってしまったのだ。それはプロ野球選手生命を短くさせる遠因にもなった。

当時、その現場にいた島貫氏は剣道部で、同じクラスではなかったが、病院に見舞いに行く度《たび》に漫画本を買っていき、ページの合間にメッセージを挟《はさ》んでいた

上鶴間中学卒業アルバムより（中央が原）

という。それまでほとんど交友がなかったという2人だったが、卒業後も強い絆《きずな》で結ばれた。島貫氏は「末広会」の会長を務め、会を取りまとめている。

島貫　彼が骨折《こっせつ》した時に僕はちょうど彼の横にいたんです。昼休みにサッカーボールの上に乗って遊んでいる時、グルッとこけ、「骨が折れた！」となってるんですよ。「ふざけんな！　サッカーで骨が折れるなんて聞いたことないぞ」と言ったんですけど、あまりにも痛そうだったんで保健の先生を呼びに行きました。次の日に先生に聞いたらやっぱり骨折していたんです。勝手にこけたんだから僕のせいではないんですが、何となく罪悪感があって〝なんとか挽回《ばんかい》しないと〟と思って、マンガ本を3冊くらい買って見舞いに行きました。本の間に「ごめんな」とか「悪かったな」とか書いた手紙を挟んでおきました。僕はあまり交流はなかったんですけど、それから「あいつは変な奴だな」みたいに思われて、付き合いが始まりました。

伊藤　入院は1か月でしたね。よく勉強の本を持って行きました。骨折が治ってからも足は速かったです。3年生の体育祭の時に、組対抗リレーで辰徳がアンカーだったんだけど、サッカー部の足の速かった奴を抜かして1位になりましたよ。

◇巨人の星になりたい

酒井先生　辰徳君は体格がよかったですね。ここにいる加藤さんと朝日新聞が主催していた県内の健康優良生徒に選ばれました。学力や健康面などいろいろな部分で中学生の手本になるような優れた生徒を選ぼうという事で、本校の中では男性が原辰徳君、女性が加藤由美子さんの2人が県の選考会に行ったんです。

加藤　健康優良生徒の時は2人で相模大野のバス停から行きました。体力測定など学校からデータが出されてはいるんですけど、歯の検査やペーパーテストが別にありました。ペーパーテストはヤマを張った所が全部出て、私は早く終わって暇してたんですけど、原君が横から机をペンでつついてきて「おい、見せろよ！」と言ってきました。でも私は見せませんでした。

後に原君が巨人に入った時、巨人ファンの父にその話をしたら「どうしてその時見せなかったんだ！　とんでもない娘だ！」と説教されました（笑）。

酒井先生　辰徳君は「梅檀《せんだん》は双葉《ふたば》より芳《かんば》し」（大成する人物は、子供のときから人並みはずれて優れたところがあるということ）という言葉がありますが、他の生徒とは何か違う感じでしたね。お父さんが特別な教育をしたんだと思いますけど、人間的に幅がありました。中学生なんてまだ子供と大人の中間くらいの感じでしょ。そういう点では彼は大人びたところがありました。「将来なりたいも

上鶴間中学卒業アルバムより（中央が原）

の」とクラス全員に小さいカードを配って書かせたことがあったんですけど、その時に「僕は将来巨人の星になりたい」と書いたんです。その頃からの夢を実現したわけですから、我々としては奇跡《きせき》的《てき》な存在に思えてなりませんでした。

梶原一騎原作の『巨人の星』は、父一徹に英才教育を受けた星飛雄馬が巨人に入団し、活躍するという漫画だ。その後の原の人生は、まさに『巨人の星』を地で行くこととなる。

当時、原の隣の席に座っていた作曲家として活躍する加藤由美子氏が語る。

加藤 私は原君が「巨人の星になりたい」と書いた時に隣の席でした。彼に「何て書いたの？」と聞いたら「巨人の星になる」と言っていたので、「そんなの無理よ」と言ったんです。「おまえは何て書いたんだよ」と聞かれたので「作曲家になりたい」と言いました。「それこそ無理だよ！」と言われてお互い罵《のの》り合いました。その後、原君が確実に夢を現実のものにしていくのを見ながら、私も追いつきたい思いでここまできました。

神奈川県相模原市立上鶴間中学２年３組
「学級通信 点描（てんびょう）」より（昭和 48 年２月６日発行）

ベッド生活に耐える（療養中の原くんの手紙）

このたび僕のケガに対し先生をはじめ級友の皆さんに、たいへんご迷惑をかけてしまい、すみませんでした。

思えば、去る１月 17 日の午後、校庭においてサッカーを楽しんでいる最中に足に衝撃を感じ、たおれ、みんなの手によって森外科に運ばれて来ました。それからいろいろと手当てを受け、一回目の手術も無事に終わり、このベットに入って２週間を過ぎてしまいました。その間において、日ごろからグランドと仲がいい僕にとっては、病院のベッド生活はとっても耐えられない、つらい思いでした。まるで、生きて地獄にいるみたい。

しかし、このつらさに負けてはいけない、と考え、これもひとつの試練のうちではないだろうかと、少し自分を振りかえり、病院生活を、今からの人生にプラスにしていきたいと思っています。

それに、毎日毎日かかさずお見舞に来てくれる友、僕のために書いてくれた手紙集などを、病院生活のよい想い出として、残しておくつもりです。

２月２日、あと２時間ほどすると、二回目の手術です。頑張ります。

では、さようなら

２月２日記

原　辰徳

末広会・鶴巻温泉にて
（2009年1月17日）

阿部慎之助

僕は、2度原監督に指名された

監督がチームの「指揮官」なら、現場の「司令官」は阿部慎之助だ。打って、守って、〝原野球〟の伝承者《でんしょうしゃ》として、阿部は常にチームの先頭に立って、選手を引っぱっている。ベンチでも監督の近くに座り、戦術を練る指揮官の考えを理解し、それをグランドに振りまく。

だから、選手の中では、監督に最も近い立場にいて、その知られざる素顔を知っている、と言えるのかもしれない。

◇タツノリ用語で選手にヤル気

選手時代の原監督って、まさに「スーパースター」のひと言ですよね。そんな方のもとでプレーさせてもらい、選手から見て一番思うのは、勝負に対する熱さがだれよりもあるということです。

試合前のミーティングとか、たくさんいいことを言ってくれます。印象に残っている言葉として心に刻《きざ》まれているのは「勝負に待ったなし」。その他に独特の言い回しで、たまには難しいことも話すので、若い選手なんかはたまに「これってどういう意味なんだ？」って顔をして考えちゃうことがありますね。僕もたまに（笑）。

後で僕がわかりやすい言葉に直して、若手に伝えてあげたりはするんですけどね。あいつら言ったことわかってんのか、わかってないのか、はっきりしないですけど（笑）。

13ゲーム差をひっくり返し、シーズン残り2試合でリーグ優勝を決めた昨年（08年）は、本当に激動のシーズンでした。クライマックスシリーズの時は、「鼻歌交じりで試合やろうぜ！」と、選手を楽にするような言葉をいつもかけてくれました。

「こんな緊迫《きんぱく》した試合は、選ばれたチームしかできないんだよ！」

それでみんな楽になったというか、やる気がみなぎってきましたね。

◇監督あってのシンノスケ

阿部がドラフト逆指名で巨人に入団したのは00年。

当時、巨人の正捕手は、18年目のベテラン村田真一で、世代交代が急務だった。そんなチーム状況下だっただけに、次世代を担《にな》う新人キャッチャーは期待を一身に集めた。しかも、巨人という重い看板《かんばん》も背負うことになった。プレッシャーと重圧。しかし、それは同時に大きなチャンスでもあった。

翌01年3月30日、巨人にとって21世紀最初の試合となった東京ドームでの阪神戦。開幕オーダーの中に「8番・キャッチャー」で阿部の名前があった。巨人の新人キャッチャーとしては、実に78年の山倉和博以来23年ぶりの開幕スタメンマスクに、ルーキーは「不安いっぱいで、3日ぐらい前には熱もでました」と試合前に弱音《よわね》を吐《は》いた。

しかし、どうだ。グランドに飛び出すと、違った。

守っては先発・上原を好リード。打ってはプロ初打席でいきなり右中間《うちゅうかん》を破る2点タイムリー二塁打を放つなど、5打数2安打4打点。チームの17対3という爆勝に大きく貢献し、当時の長嶋監督は「今世紀を担うヤングボーイがやりました。これからの巨人は彼らがやっていくんです」とスマイルを全開にさせた。

そんな阿部の活躍の背後に、当時ヘッドコーチだった原の存在があった。

今があるのは、原監督のおかげです。

僕を開幕スタメンで使ってくれるよう、長嶋監督に推《お》してくれたのは原監督でした。

開幕3日前に「おまえ、開幕で行くぞ！」と伝えられました。のちのち、周りから「原さんがスタメンとか全部決めていた」という話も聞きました。開幕スタメンに起用してもらったのもそうですが、01年シーズン通しての経験があったからこそ、02年の日本一に貢献できたと思っています。

もちろん、怒られたこともたくさんあります。必死にやったミスはそんなに怒られないですが、凡《ぼん》ミスした時とか、「おまえ、トップでやってて皆に見られてんだから、絶対隙《すき》を見せるな！」と口酸《くちす》っぱく言われています。その場でも言われますし、ベンチでも言われます。

厳しい一面もありますが、監督からしゃべりかけてくれるから、うれしいです。誰も寄せつけないみたいな雰囲気を出していないし、野球の話だけじゃなくても何らかの形で話しかけてくれるから。逆に、監督に気を遣《つか》ってもらっちゃっているな、みたいな気持ちになっちゃいます。

プライベートで原監督と食事をすることもあります。連れて行ってもらう所は、い

横浜・吉見投手より３ランを放った阿部（2008年8月26日）

つも本当においしいお店だけなんです（笑）。

シーズン中は難しいので、オールスターゲームの時とか、節目《ふしめ》節目で連れて行ってもらっています。ざっくばらんに話もしてくれます。試合中とプライベート

の原監督は全然違います。まず表情が違います。そしてめちゃくちゃ飲む飲む！　ワインをいっぱい飲みます。おそらく、監督も選手のことをもっと知りたいんだろうし、そういう意味で、僕たちを誘《さそ》ってくれているんでしょう。

原監督と2人っきりで話をすることもシーズン中、よくあります。ピッチャーのこととか、昨年は僕が開幕当初、調子が全然上がらなかったんで「悩みごととかあるのか？」と心配もしてくれました。

◇監督を「男」にするために

巨人に欠かせない不動の正捕手としての道を突き進む中で、阿部は何度も故障に泣かされ続けてきた。試合の半分以上、立ったり座ったり、を繰り返し、時には走者からの激しいタックルを受け、突き飛ばされる。鍛《きた》え上げたはずの鋼《はがね》の肉体は確実にむしばまれ、悲鳴を上げた。

05年の8月23日、横浜スタジアムでの横浜戦。堀内監督のもとで、阿部は初めて、一塁手として出場した。右肩を痛め、スローイングの負担《ふたん》を避《さ》けるための緊急措《そ》置《ち》だった。リードする負担も減り、打撃に集中できるだろう、という首脳陣の考えもあった。しかし、結果はふるわなかった。右肩痛の影響ではなかった。「ファーストにいながらも、配球を考えたりして。やっぱり投手の球を受けていないと、守備でのリズム、バランスがおかしくなって。マスクをかぶらない分、バッティングを生かさなくっちゃって、リキんでしまった」。阿部はこの時、改めて実感した。「自分はやっぱりキャッチャーなんだな」と。

そのシーズンのオフ、堀内監督が退団し、再び原監督が戻ってきた。球団内部には、来季を見据《す》えた戦力整備の中で、阿部のファーストへの本格的なコンバートが検討され、同時に、FAで谷繁元信（中日）の補強も、視野に入れられていた。阿部はキャッチャーとしてやっていくのか、ファーストで新たな生きる道を歩《あゆ》むことになるのか。

秋季キャンプが始まる前、阿部は原監督と話しあい、わずかな迷《まよ》いすらも完全に断ち切って、揺《ゆ》るぎない誓《ちか》いを立てた。「キャッチャーとして、死ぬ気でやって、頑張ります」。

この時の秋季キャンプで、阿部はアップシューズを一足、つぶすほどに走り込んだ。

阿部は思うことがある。

「自分は、原監督に2度、巨人の正捕手として指名されたんだ」と。だから、感謝の気持ちだけでなく、これからもっと、プレーで恩返ししていかなければいけない、と自分自身に言い聞かせている。

よみうりランドにて（2004年1月9日）

昨年（08年）は北京五輪の日本代表メンバーにも選ばれて、監督から「とにかくこっちはがんばるから、おまえは北京でがんばってこい！」と言われました。グッと来ました。

チームのことはずっと気にかけてました。向こうで巨人戦を中継していたんで、つい観ちゃいました。

今年はまずはＷＢＣですね。原監督が苦渋《くじゅう》の決断をしてＷＢＣの監督をやるわけですから、なんとか「男」にしたいです。原監督は大学時代に国際試合をたくさん経験しているんで、短期決戦の難しさは十分わかっているでしょう。

シーズンオフのジャイアンツ球場。若手選手に混じりながら、バットを振る阿部の姿があった。

「こんなにやっているのは入団以来初めてだね」。キャプテンというチームを引っぱる立場であり、プロ9年目のシーズンに臨《のぞ》む今季からは第16代選手会長にも就任。プライベートでは、愛娘が生まれて父になり、その責任感が、阿部を突き動かしていた。

昨年、グランドに大きな忘れ物をしてきた。それは阿部にとって悔《く》いの残る、やり残したことだ。

2年連続のリーグ優勝を決めたその日、10月10日、神宮球場。夜空に向かって舞い上がった原監督を支える男たちの中に、阿部の姿はなかった。その試合、勝利を呼び込む一打を放ったものの、セカンドベース上で野手と交錯《こうさく》して右肩を負傷。三角巾で右腕をつるし、痛々しい姿で球場を後にした。
その後のクライマックスシリーズは出場できず、日本シリーズでも右肩の状態は回復せず、代打だけでの出場になった。チームは日本一を逃し、リーグ優勝の喜びは一瞬にして、吹き飛んだ。

原監督を「男」にして、自分も「男」になる。
攻守の要《かなめ》として、原ジャイアンツを牽引《けんいん》していくのは、阿部になる。

プロフィール

79年3月20日生まれ。千葉県出身。
00年中央大学4年の時にシドニーオリンピック野球日本代表に選ばれる。
同年ドラフト1位で巨人に入団。01年山倉以来の新人捕手開幕スタメン出場。
02年攻守にわたり日本一に貢献。ベストナインとゴールデングラブ賞を受賞。
08年北京五輪予選で最優秀打者賞・MVPを獲得。

牛島和彦

三遊間を抜けた時は、「あっ！」みたいな感じでした

79年の日本レコード大賞は、ジュディ・オングの「魅《み》せられて」が受賞した。

野球界では、女性ファンが神宮で、当時東海大学4年生だった原辰徳に魅せられ、甲子園では、17歳のチョイ悪少年が、女性ファンの母性をくすぐり、魅了していた。

牛島和彦は、大阪・浪商高校のエースとして79年春夏甲子園に出場。ドカベンこと香川伸行とのバッテリーで話題を集め、春のセンバツ大会では準優勝。切れ長の目をした甘いマスクに、不良少年の匂《にお》いを漂《ただよ》わせ、ちょっと危ないオーラを身にまとって強気なコメントを連発する特異なキャラクターに、当時、女子中高生の間には「牛島親衛隊」ができたほどだった。

その年のオフのドラフトでは、社会人ナンバーワン左腕と評された日本鋼管の木田勇に巨人など3球団が、東京六大学のスラッガー、岡田彰布に阪神など6球

団がそれぞれ競合する中、中日は敢然《かんぜん》と牛島を単独1位指名。今でこそ〝球界の番長〟と言えば横浜の三浦大輔だが、それこそ牛島は、入団発表の時、バリバリのリーゼント姿で現れ、周囲の度肝《どぎも》を抜いた。

ある意味で、原辰徳とは対極の存在なのかもしれない、と牛島は思うことがある。

1年早くプロ入りし、年齢は3歳年下でありながら、しかし、同じ時代を生き、そして駆け抜けてきた存在として、多くの共感する思いを抱いている。

◇初対戦、闘志と安堵感と達成感と

原さんのイメージは〝怖い〟というのもあるんだろうけど、絶えず笑っているよね。現場で違うイメージがポロッと出ること、ってあるじゃないですか。でも、原さんはまったく出てこないんです。俺なんかやんちゃなイメージがあるから、試合でそれが出ると、周りは〝ほら出たか！〟みたいな感じになるんですよ（笑）。

それに比べ、原さんはさわやかなイメージをキープしていますよね。大変なことだと思います。自分の言いたいことをちゃんと選手に伝えていく、というのをきちんとやっているからなんでしょう。50代になって貫禄も出てきたしね。

原さんとの交流はそれほどないけど、世代的にも近いし、俺が中学生の時に原さんは高校生として（甲子園で）活躍《かつやく》していた。原さんが01年オフに巨人の監督になった時には、ああ、そういう俺らみたいな世代の人が監督になったんだ、という印象が最初はあったよね。

原さんが出場した甲子園大会はもちろん、見ていました。3つ年が違うんだけど、俺が中学生の時の甲子園のヒーローだったから。その後、自分たちも甲子園に出て、原さんより1年早くプロに入った。原さんのプロ初安打は俺からなんだけど、それから対戦していく中で、〝打たれたくない〟そういう思いでやってきた。途中でロッテにトレードされたので、結局、原さんとはセ・リーグで6年間対戦しただけだった。


マウンドからホームまでの18・44メートル。その距離を間にはさんで、2人は初めて向かいあった。

81年4月4日、後楽園球場。シーズン開幕戦で巨人と中日は激突し、6回無死の場面。

高卒2年目で開幕1軍切符《きっぷ》をつかみ取り、先発・三沢の後を受けて2番手で登板した牛島は、開幕デビューして3打席目に立つ原と対戦。それまでの2打席、二飛、三ゴロでノーヒットだった大物ルーキーに、カウント0―1から、直球をすさまじいスピードで左前に運ばれた。


インサイドの球を三遊間に打たれた。自分のプロ2年目の開幕戦だったんだけど、その前年度の途中から一軍に上がって、とにかくすごく自信を持って臨《のぞ》んだシーズンだった。自分としたらアピールする場だし、今年がんばって一軍定着を確実にしようと思っていたしょっぱなだったからよく覚えていますよ。

原さんは鳴り物入りでプロに入ってきて、すごく注目されていた。「絶対打たれたくない」と思いましたよ。一軍に定着し始めて、いろいろな打者と対戦していって、「全部の打者に打たれたくない」と思い始めていた時だったしね。

ビジターの球場だったし、原さんが打席に立った途端、すごい声援だった。

俺はチームが0対2で負けていてリリーフで行ったんだけどね。初めての対戦

巨人・中日１回戦、６回無死の第３打席、中日・牛島より
プロ入り初安打のレフト前ヒット（1981年4月4日）

だな、という気持ちにはなりましたよ。これから何回も対戦するためには、自分ががんばらないといけなかった。ずっと一軍にいられるという保障はなかったから。一軍に定着できるチャンスだったからね。

　これを絶対モノにしないといけない、絶対に勝ちたい、と。どんな打者も抑《おさ》えないといけない中で、一方で、あれが原さんか、と冷静な自分もいた。

　正直、その時は、あまり抑える自信はなかったですけどね（笑）。

　個人的には、３年目でクローザーをやってリーグ優勝した時に、やっと自信みたいなものがつきました。原さんは、周りの人に最初からレギュラーを獲るだろうと思われていたけど、俺はがんばって自分の居場所を勝ち得なきゃいけない、と思っていた。

ゴロの三遊間へのヒットを打たれた時は、「あっ！」みたいな感じでした。でも、シングルヒットでよかった、という気持ちもあった。世の中の人も初ヒットを注目しているわけですから、自分としては、鳴り物入りで入ってきた選手に、いきなり開幕戦でホームランでも打たれて勢いをつけられたら嫌だから。

ヒットは打たれたけどゴロのヒットで最低限の仕事はできたかな、と思いましたよ（笑）。その時に置かれていた自分の立場からすると、打たれたらダメなんだけど、ひどいことはしてないな、という感じでした。

一番いいのはアウトに取ることですが、最小限の傷口《きずぐち》で食い止められたから。打たれにしても、自分が一軍で活躍するためには、ポーンといかれるのがよくない、というイメージを持っていた。自分はまだそんな段階でした。

それから再び対戦の時がきたのは、約1か月後の5月5日、ナゴヤ球場。またしても右前安打を打たれたが、この年、原に打たれたのは、この2本だけ。

その次の対戦では三振を奪い、1年目は5打数2安打、1奪三振という結果に終わった。

86年のオフ、落合博満との1対4の世紀の電撃《でんげき》トレードに組み込まれてロッテに移籍《いせき》するまで、6シーズン、原と戦い、対戦成績は45打数12安打4打点で、対戦打率は2割6分7厘。許した本塁打は1本だけで、奪《うば》った三振は10個。

数字だけで見れば、がっぷり組みあった互角《ごかく》の真剣勝負だった。


プロに入って違うチームでやると、同じような世代で試合していかなければならない。原さんのように人気も実力もある選手を抑えていかないと、こっちもチームに一軍定着をアピールできないという思いはあった。

原さんに限らず、当時の巨人戦は全国ネットで、絶好のアピールの場だから、みんながんばるよね。

巨人の中畑清さんにフォークボールを片手で持って行かれたサヨナラホームランや、オリックスの門田博光さんに打席の中で1、2歩ステップされて打たれたサヨナラホームランとか、鮮明に記憶に残っているし、ガクッとしたもの。原さんの勝負もそうだけど、次の対戦の時に打たれたことを応用しないといけないから、いろんなことを覚えてる。

抑えたことよりも、打たれたことのほうが覚えていて、それを忘れると、また打たれた所にボールを投げてしまう。

スコアラーからもらったデータなどは、もちろん参考にしますが、その中で違うタイプの選手が出てきた時に、その選手がいつもは打ってない所を打っていたり、バットの待ち方が違ったりしていると、実際に対戦した時の記憶データが活きてくるんです。

原さんのバッティングのツボは、外角寄り高めの甘いところと、内角低めのところとの対角線。でも、まあどこのコースでも打っていましたけどね。

「打者・原辰徳」の印象は〝チーム一の長距離打者〟だった。ポイントにはまればホームランにするし、だからいかにポイントに投げないか、とか、そんなことばかり考えてました。

◇監督として、再び対戦の時

ロッテに移籍した87年に最優秀救援投手のタイトルを手にし、球界を代表するストッパーとしての地位を確立した牛島は、その後、先発で12勝を挙げるなど活躍。しかし、右肩の酷使《こくし》と勤続疲労で93年、惜《お》しまれながら現役を退いた。まだ32歳の時。ちょうどその頃、原もまた、アキレス腱痛《けんつう》を始めとするさまざまな故障《こしょう》に泣かされ、プロ入りして初めて規定打席に到達できず、苦しんでいた。

そして95年のオフ、原が涙の引退試合に臨み、2人はともに野球解説者として立場を同じにした。99年に原がコーチとして巨人に復帰してからは、グランドで野球について熱く語りあうこともあった。

原さんが02年に最初に監督になった時にも取材に行ったりして、そういうところで話をする機会も増えました。原監督はどんな時でもしゃべってくれるし、いろいろ質問したことにちゃんと返してくれましたしね。

その前に長嶋さんが監督の時にコーチやっていたでしょ。だから現場でチームを間近に見ていただろうから、監督になって、どうやって原さんの色を出すのかな、と見ていました。前年までのミスター色が強いし、そのままの流れで監督のユニフォームを着たから、チームをどんな色にするのか、と。今までやってきた流れを急に変えるのも難しいだろうしね。

原監督の采配《さいはい》は、でも、だれかに似《に》ているようで、似ていない。結果的に、だれかに似ているところはあるのかもしれないけど、それがその人の色なんだと思います。

まあ、長嶋さんがやっていたような野球をそのままやってきていたかな。投手交代のタイミングひとつにしてもそうだし、急に変えるのも難しいから。勝負どころもあるだろうしね。

俺が監督の時は、スタメンそのままで最後までいくということが多かった。若い選手にがんばって欲しかったから、死ぬ気でやれ、ってずっと言い続けて使い続けた。

レギュラーにひけを取らない力をつけた選手は、毎試合スタメンで使ってやると。中途半端な状態で試合に使っても、バリバリのレギュラーと対等にやれるかと言ったらそれは無理なんです。相当力をつけないとスタメンではいけないな、というつもりでいましたから。

原さんも「なんで若い選手を使わないいんだ」とか言われていた時期がありますが、中途半端に使って試合で力をつけていくよりも、若い選手には「もっとがんばらないとダメ」という気持ちを常に持って欲しい、そういう声のかけ方をしていました。

監督っていうのは、ファンも納得《なっとく》させないといけないし、そういうのが辛《つら》い立場の仕事ではありますよね。ただ「競争」という部分では、力をつけた選手はポンと使うだろうし、去年（08年）なんか、原巨人はすごかったでしょ。とくに山口、越智、東野あたりは、いきなり結果を出してくれたしね。


原監督が04年にいったん退き、翌05年から、今度は牛島が横浜ベイスターズの監督に就任、現場復帰を果たした。球界に誕生した44歳の青年監督は、原監督が最初に巨人の常勝チーム再生に着手した時の年齢と、まったく同じだった。

その前年度まで、横浜は3年連続でリーグ最下位に低迷。暗黒の時期にどっぷりと浸《ひた》る中で、チーム再建を託された。当時、まだプロ3年目だった村田修一を、難ある守備には目をつぶり、使い続けて飛躍《ひやく》への道を敷《し》くなど、数年先を見据《す》えて抜本改革《ばっぽんかいかく》を断行。前季最下位のチームを、わずか1年で、3位に引き上げた。

それまで6シーズン連続で勝ち越せずにいた巨人に対しても16勝6敗と圧倒した。

翌06年、監督2年目のシーズンから、原監督が巨人に再び復帰。ともに指揮官として、グランドで健闘《けんとう》を誓《ちか》いあうことになった。

開幕戦前の原と牛島（2006年3月30日 横浜スタジアム）

1年間だけでしたけど、お互いに監督として戦いました。でも、うちと向こうじゃ戦力が違いすぎた（笑）。俺が監督1年目は巨人戦の成績がよかったから、よし、2年目も、って思ってました。

監督1年目の開幕戦はナゴヤドームで、あの中日戦は劇的だった。0対0のまま9回に入って、最後は三浦大輔がアレックスにサヨナラ満塁ホームランを打たれ、翌日の試合も1点リードで大魔神《だいまじん》の佐々木主浩が代打・高橋光信に逆転サヨナラホームランを打たれて。2試合連続でサヨナラ負けで監督人生が始まって、オイオイ、みたいな感じでしたよ。だから、横浜に帰ってからが開幕だと思って、なんとか立て直したけど、06年はそうはいかなかった。

06年開幕戦は東京ドームの巨人横浜戦で、2人とも40代半ばくらいだったから「俺らの世代でがんばろう」「試合を盛り上げてがんばっていこう」というような話を開幕前に交わした。

でも、開幕戦はやられた。

結局、そのシーズンは巨人に1つ負け越し、10勝11敗1分けだった。

05年は、向こうは怪我《けが》人も多かったたし、いつも負けているような試合を引っくり返していたから、巨人に勝ち越したんだけどね。でも、監督として巨人との最初の対戦の時、メンバーを見た時は〝すごい〟と思ったよ（笑）。

今、自分の監督時代のことを振り返ると、試合中はいつも、相手監督が今どんなことを考えているのかなとか、投手交代とか作戦とか、まず相手監督の気持ちを考えていて、そういうのが楽しかった。試合をやっている時は苦しいけどね。今、こうして改めて考えてみると、そう思います。

監督の立場というのは、孤独《こどく》だ。

選手のこと、チーム全体のこと、相手のこと、さまざまなことを、1人で、頭の中で思いをめぐらせ、つなげていく。もちろん、腹心であるコーチ陣の声に耳を傾《かたむ》け、参考にすることはあっても、決断を下すのは自分自身で、最後に責任を取るのも、自分自身だ。

因果《いんが》な商売でもある。勝てば官軍、負ければ戦犯。牛島は、1年目にチームを最下位から3位に引き上げて、2年目に再び最下位に沈《しず》み、責任を取ってユニフォームを脱いだ。

選手1人1人、チーム全体を把握《はあく》し、理想の常勝組織に作り上げるのには、一定の時間がかかる。周囲の理解と、厳しくも温かく見守る目というのも求められる。しかし、勝負ごとはやはり結果がすべて。周囲の期待が高ければ高いほど、すぐに結果は求められる。

原監督は今年（09年）、そんな難しい監督という職業を、巨人で、WBCで、務める。近い将来、監督として再びグランドに帰ってくるであろう牛島にとって、原監督への興味と関心は尽《つ》きない。

WBCでは、いろいろなチームの選手が集まってくるわけだから、原さんがどうやって選手をその気にさせてチームをまとめていくのか、楽しみにしてます。結果はしかたないと思う。野球のおもしろさが伝わればいいんだから。

今の野球界も景気が悪いから、WBCが本当に盛り上がって欲しい。そう思っているよ。

プロフィール

61年4月13日生まれ。大阪府出身。

浪商高校で〝ドカベン〟こと香川伸行選手とバッテリーを組み、高3の春に甲子園準優勝。

79年ドラフト1位で中日ドラゴンズに入団。

86年ロッテへトレード。88年セーブ王に輝く。93年現役引退。

05年横浜ベイスターズの監督に就任。現在、野球解説者として活躍中。

テリー伊藤

むしろイチローを叱って欲しいんです

熱烈《ねっれつ》G党は、だれもが、自分自身が「ファンの中の一番のファン」であることを公言し、世界中のだれよりも、一番の〝熱狂的《ねっきょう》巨人信者〟であることを自称する。

テリー伊藤も、そうしたうちの1人だ。

フリーアナウンサー徳光和夫が「自分はこの世で最も熱烈な長嶋茂雄フリーク」と思い込んでいるように、テリーも負けていない。

99年には『君は長嶋茂雄と死ねるか!』(メディアワークス)という本を出版。その年、巨人が優勝しなかった場合には「腹を斬《き》る!」とつづり、中日が優勝してしまい、苦《にが》い思いを経験。

03年には巨人が優勝できずに阪神が優勝したら「虎柄の全身タイツを着て街中を練り歩く」と公約し、あっさり阪神優勝。オフに「六甲おろし」を歌いながら街中を歩いたこともあるほど、愛する巨人のために、体を張って応援している。

9歳年下の〝若大将〟にも、巨人に入る前から熱い視線を送ってきた。

◇「若大将」はつらいよ

彼を最初に知ったのは、やっぱり東海大相模高校時代だよね。甲子園に出場して、ルックスもいい、かっこいい男でした。その頃から王さん、長嶋さんの後を担《にな》う〝ポストON《オーエヌ》〟の匂《にお》いが漂《ただよ》っていました。でも、何か大変だな、って思いましたよ。あの頃から、スーパースターがあり得ない時代になってきていたじゃないですか。正義の味方以外にも相手方の気持ちも考える時代だった気がします。

たとえば、映画『若大将シリーズ』の加山雄三もいいけど〝青大将〟の田中邦衛もいいみたいなね。

映画『卒業』でダスティン・ホフマンが教会で花嫁《はなよめ》を奪っていくシーンを観ていて、かっこいいと思う半面、花嫁を持っていかれた男の気持ちはどうなんだろう、とか。残された男の気持ちも考えてあげなきゃ、みたいなね。

僕も大学を卒業していい仕事していたわけでもないし、しけていたから、しけた男の気持ちもわかるわけ。今の相撲界で言うと、白鵬より朝青龍のほうが人気があるわけでしょ。時代の中で、いつも眩《まぶ》しいスーパースターは「巨人・大鵬・玉子焼き」の中にいて、王、長嶋の〝ON〟もそうした中に入っていたけど、時代が変わってきたのに、いつまでも原さんはそうしたスターを演じなきゃいけなかった。マスコミはそこに気づいていなくて、レコードを出させたりしていました。

チョイ悪オヤジがモテる時代。さわやかで、カッコよく、強くてたくましいばかりより、今は、ちょっと陰《かげ》があって頼りなげのほうが、ほっとけない。一方で、危険な匂いを漂わせ、ヒール役が似合《にあ》いそうな男のほうがウケもいい。

時代の流れとともに、ヒーロー像というのは変わっていくのに、原辰徳に周囲はいつまでも〝さわやかな若大将〟を求め、彼はそれに応《こた》え続けている。

さわやかな男はマイクを握る姿が似合う。芸能界からも熱視線を受けた球界の若大将は、入団2年目の82年にレコード『どこまでも愛』を発売。オリコン最高85位、1万1000枚を売り上げた。『サムシング』というアルバムまで発売して甘い声を披露《ひろう》してくれた。

でもね、〝若大将〟というのも重い言葉ですよ。今の選手に〝若大将〟なんて愛称《あいしょう》をつけたら嫌《いや》がりますよ。今の時代、〝若大将〟は褒《ほ》め言葉には聞こえません。天然的な匂いがしてしまうでしょ。マスコミは〝ON《オーエヌ》〟の残像を彼に求めたんです。かわいそうだな、と思いました。

僕は原さんより年上だからそれがわかった。〝ON〟から原さんまで何年離れているんですか！　世の中は流れは変わっているのにそれを背負って、巨人軍の4番とは言えば、ものすごいステータスなんだけど、厄介《やっかい》なステータスみたいなところもある。だから、大変だなと。〝ON〟に続く日本のスーパースターを背負って生きていかなきゃいけない、という〝辛《つら》さ〟を感じました。

彼の中にも苦しみがあったかもしれません。巨人の4番はそういう宿命という十字架を背負っている。背負っていてもそれをやり遂《と》げなくてはいけない。

◇心の中で思った「タツノリよ、打つな！」

テリー伊藤は一時期、熱烈な〝ジャイアンツ信者〟の看板を下《お》ろした時期がある。ミスターが巨人監督を解任された80年オフ。それから、〝アンチ巨人〟に籍《せき》を置くことになった。

愛する長嶋茂雄が去ったチームなど、応援するものか、と。しかし、そんなテリーも、後ろ髪《がみ》を引かれる思いは当然あった。なぜなら、ミスターと入れ替わるように、原が巨人入団を果たしたからだった。

東海大相模から東海大学、巨人という原さんの流れは、今で言う早稲田大学の斎藤佑樹投手みたいな感じで、いつか巨人に入ってくれ、という思いでずっと見ていました。

しかし、複雑なところもありました。長嶋監督が辞《や》めて僕は巨人が嫌いになったから、その嫌いになった巨人に、原さんが入団。彼が活躍して巨人が優勝したたら、前任の長嶋さんが辞めたことを肯定《こうてい》してしまうことになってしまう。だから、心の中で〝原よ、打つな。巨人よ、負けろ！〟という気持ちを、おそらくたくさんの人が持ったと思います。

巨人ファンを一度辞めて再びファンになるのは、長嶋さんが監督復帰するまでですから、12、13年の間は巨人ファンじゃなかった。

とはいっても新聞は読むし、原辰徳という男は、巨人の4番という宿命を背負いながらよくがんばっているな、と思いました。晩年は試合に出してもらえなかった時期がある。その中でカメラに映る彼の表情を見て、非常に〝野球人〟の匂いがしました。

◇ムダではなかった「2年間のブランク」

原さんが02年に巨人の監督になった時、そんなにしゃべりが上手じゃなかった。政治家みたいなしゃべり方で、本音《ほんね》の部分を全然しゃべらなかった。当たり前のことばかりでね。

もう一つ思ったのは、原さんはまっとうじゃないですか。このまっとうなのが今の若い選手に通用するのかな、と思ったんです。正義の味方でしょ。

清原（和博）さんが選手時代に「今の奴《やつ》は昔と比べると全然考え方違うもんな」と言ってましたよ。普通の会社でもそうだけど、たとえば、上司が「飲みに行こう」と誘《さそ》っても、若い奴は「今日は帰ります」と帰っちゃうようなのが多いみたい。そういう感じと一緒で、今時の選手と〝熱血漢《ねっけつかん》〟の原さんとのギャップってどうなのかな、とすごく心配しました。

ここ数年ですよね、おもしろくなってきたのは。

03年の監督辞任の時は辛かったと思うけど、僕が思うには、初めて彼はあれで〝挫折《ざせつ》〟や〝失望《しつぼう》〟みたいな世の中を知った気がする。もう1つは〝人を恨《うら》むこと〟。挫折はスポーツ選手なんだから、だれでも経験すると思います。人を憎《にく》むとか恨むとか、羨《うらや》ましがる部分もあったと思う。でも、僕が長嶋さんが解任された後は巨人戦をテレビを観なかったのと同じで、彼も辞めた翌年、巨人戦をテレビで観ることはなかったと思います。

長嶋さんも解任された翌年は観ていないですよ。これまで手塩《てしお》にかけて育てた選手を、突然他人が来てチームの指揮《しき》を執《と》っているわけでしょ。自分が本当はそこにいるはずだろ、と。宮崎キャンプの時は、ホテルの監督部屋というのは決まっていて、長嶋さんも原さんも泊まる部屋が一緒。長嶋さんから原さんに監督が代わった時は、長嶋さんは絶対、〝2月1日は、自分はあの部屋で、あの風景を観ているんだよ〟というのが頭によぎるわけです。それって挫折じゃないですか。復讐心《ふくしゅうしん》とか恨みとかだし、泥臭《どろくさ》いですよね。それを彼は思ったはずです。

でもそれはすごくいいことだと思います。現場を離れて違う人がそこにいるのを客観的に見ると〝違うよ、ここはこうだろ！〟と思うことが多々あります。辞めさせられ

宮崎キャンプにて（2008年2月）

たという悲しみは、原さんは自分自身にしかわからないと思っていますけど、そんなことはなくて日本中がわかっています。日本中がわかっているのに、原さんの前では日本中で悲しみを知らないふりをするわけです。記者もわかっているんだけど、知らないふりをして原さんに近づくわけでしょ。こんな悔《くや》しい思いはないですよ。それが2年も続いたわけだから。中には一生続く人もいますよ。

監督を辞め、復帰するまでの2年間で彼は、〝人の痛《いた》みを感じるよりも、自分の痛みを癒《いや》すほうが大事だ〟ということに気づいたんでしょう。その2年間は〝相手の痛みを感じてやろう〟と思っていたはずです。相手の痛みを感じるということは、自分は痛んでいないということです。自分の痛みをまず補《おぎな》ってから、相手のことを考えようと思えるようになったのが、この一度辞めて戻るまでの2年間だったと思います。

だから、第1次より第2次政権のほうが、原カラーが出ていると思います。

たとえば、08年は坂本選手を大きく育てよう、という監督の思いが入ったシーンが見られた。今年はドラフトで大物ルーキーの大田泰示が入ったし、今度は彼をどう使っていくのか。

若手にチャンスを与え、大胆《だいたん》に起用していく一方で、昨季は韓国のスーパースター、李承燁《イスンヨプ》選手をああいう形でスタメンから外《はず》した。大変だったと思いますよ。そういう面も含めて、昨年は原さんの采配《さいはい》がすごく良かった。

現場に顔を出すとね、向こうから「いやぁ、テリーさん。ようこそ！」と言ってきてくれる。すごく優しく接してくれてうれしいよね。それだけ心に余裕があるというか、今は、自分のやりたいようにチームが機能してくれている、ということなんでしょう。

◇今の時代だから「ジャイアンツ愛」

テリー伊藤は最近の世の中を少し、憂慮《ゆうりょ》している。

時代の言葉として「KY」などと言われる、このご時世。「空気（Kuki）が読めない（Yomenai）」とは、ある意味、自分のことばかりを考えて、他人のことを思いやれないことを意味する。ちょっと他人の立場になって物事を考えれば、その場の空気を読むことなど、当たり前にできることでもある。

そんな「個」が主体となっている時代だからこそ、原監督の唱《とな》える〝ジャイアンツ愛〟なる熱いスピリットは、今こそもっと見直されるべきで、1人1人が再認識していいものではないか、と思っている。

楽しい時は、一瞬しゃべる前に鼻が膨《ふく》らみます。あれはかわいいよね。原さんとはね、プライベートで食事をしたりすることはないです。スポーツジムでたまに話すくらいですから。

ミスターもそうだけど、あまりそういう人たちと近いところにいたくない。自分は演出家なんで、距離を置いたほうがいいかな、と考えてお付き合いさせてもらっています。

原さんは以前〝ジャイアンツ愛〟という言葉を使いましたけど、今となってみると恥ずかしい言葉かもしれない。

でも、それっておもしろいもので、価値観がどんどん変わっていって、昔は真面目な娘がモテたのに、今は不良っぽい娘のほうがモテたりする。みんながそう思ってしまうと、そういった考えが大衆的なものになってしまう、みたいなね。

そして、また今は真面目な娘のほうが新鮮に思えます。

それと同じで〝ジャイアンツ愛〟というふうに語るのがアナログになっていたのが、だんだんみんな個人主義になっていって、なんだかんだ言っていると、〝ジャイアンツ愛〟という言葉をすごく新鮮に感じてくる。昨日までカッコ悪かった子が今日はカッコよくなっている、というのと同じで、原さんの言っている〝ジャイアンツ愛〟という言葉がアナログに聞こえていたのに、ある時、あっちのほうがかっこいいよな、と思える流れが来つつある。そこが、原さんのすごいところだと思います。

みんな個人主義で、僕も含《ふく》めて自分の部屋で寝て、携帯電話を持って自己完結していく。〝私好き〟が多くなってきている中で、人と共有することがないですよ。〝自分愛〟はあっても、〝グループ愛〟なんてない。

でも、去年東京ドームのライト席で試合を観たことがあったんだけど、あそこは独特なおもしろさがある。リオのカーニバルかサンバかはわからないけど、〝こういう所もおもしろいな〟という、〝グループ愛〟そういう楽しさを感じました。

◇世界に羽ばたけ、原チルドレン！

〝ジャイアンツ愛〟のスピリットは、ラグビーの「One for All, All for One」という標語に通じるものがある。愛するチームのもとに1人1人が結束し、力を出し合い、時にはチームのために自分を犠牲《ぎせい》にし、チームメイトを思いやり、仲間を信じてプレーすることの大切さ。その思いを、今年はＷＢＣで、ＪＡＰＡＮのもので、原監督は侍戦士を束《たば》ねることになる。

だから、日本の連覇《れんぱ》のカギは、球界全体で、日本全体で原監督を支えていくことにある。

テリーはそう考えている。

星野ジャパンの時もそうでしたが、監督1人じゃ世界と戦うのは無理ですよ。たとえば、今回のＷＢＣ全米代表の監督はあのデーブ・ジョンソンです。彼も北京五輪で米国代表監督を務め、かろうじて3位決定戦で日本を破って銅メダルを獲得したけど、金メダルには手が届かなかった。でも、ＷＢＣの監督になれた。

一方の星野さんは、北京五輪で優勝できなかったから代表監督を去ることになってしまった。監督に責任を押しつける、というのは大変だと思います。今回負けたら、また監督だけのクビのすげ替えか、ということになりかねません。

以前、桑田（真澄）さんが言っていましたけど、「メジャーの球から日本の球に戻すのは簡単。でも、その逆は大変だ」と。だったら、代表選手がＷＢＣへ行くまでは、他の選手もＷＢＣで使う球で練習しろ、というくらいの意識を持って、参加しない選手も〝ＷＢＣに協力しているんだ！〟という心意気が大切ですよ。そういう球界全体での取り組みがなく、原さんにすべての責任を背負わせるのはかわいそうだと思います。

本当の僕の気持ちを言うと、原さんの口から「イチロー以外のヒーローがＷＢＣで出てきて欲しい！」と言って欲しいね。もう彼は35歳ですよね。35歳の人に侍ジャパンを引っぱってもらっているようじゃダメなんです。前回、王さんとイチローのコンビがよかったからと言って、今回は原さんとイチローではなく、〝マー君〟こと楽天の田中将大投手のように若い選手に「イチローを超えろ」と言って欲しんです。「イチローなんかいなくても勝てる、くらいのニューヒーローが出てくれないといけない」くらいのことをね、原さんには言って臨んでもらいたい。

WBCで戦っていく中で、そういうニューヒーローが誕生してくれればうれしい。松坂や岩村のようにメジャーに行って日本に帰ってきた連中が「イチローさんのおかげで勝てました」と言うのも、なんか寂しいじゃないですか。

昔、川上哲治監督が選手を集め〝ON《オーエヌ》〟を怒ったみたいに、長嶋さんを怒ることによって他の選手が「長嶋さんが怒られているんだから、俺たちもがんばろう」と思ったように、むしろ、イチローを叱って他の選手を伸ばして欲しいな。

リーダーというのは、そういうことだと思います。

プロフィール

49年12月27日生まれ。東京都築地出身。

「天才・たけしの元気が出るテレビ!!」「ねるとん紅鯨団」「浅草橋ヤング洋品店」などのヒット番組や話題のCMの企画・総合演出を手がける。

現在は演出業のほか、数々のテレビ番組にレギュラー出演し、ラジオのパーソナリティとしても活躍。雑誌・新聞・携帯サイトの連載も行うなどマルチな活動をしている。

長嶋茂雄〈特別寄稿〉

「選手・原辰徳」について

スマートな選手、と同時ににクリーンアップを打つにふさわしい、打つ技術を持った選手。

一番印象に残っているプレー

私と同じサードを守っていたので、非常に関心を持って見ていました。守備での動きが、一つ一つ印象に残っています。

それぞれの違いとは

原選手はどちらかというと、「静」のプレイヤー。私は反対に「動」のプレイヤーでしたね。

心がけていたこと

守備でも常に「攻める」。攻撃的な守りですね。

原選手のパフォーマンス

原選手は常に自分のプレーを心掛けていましたね。「攻・守・走」常に静かに、全力で、巨人の4番打者として、自身のスタイルを持っていました。

代打一茂について

たまたま、その時一茂がベンチにいたので指名しただけ。あの時は原選手の状態が悪くてね。

オフについて

ゴルフはよくやりましたね。野球と同じで静かなプレーで、しかし豪快《ごうかい》なショットをしました。食事もときどき行きました。

4番のタイプ

原選手は「スマート」、清原選手は「豪快」、松井選手は「繊細《せんさい》」

「解説者・原辰徳」について

理論的な雰囲気で、問題点を的確に指摘していましたね。解説者時代が監督になって生かされているように思います。

「ヘッドコーチ・原辰徳」について

選手をよく引っぱってくれました。そして監督と選手のよい橋渡しをしてくれました。

ヘッドコーチ時代の印象的な出来事

監督をよく補佐してくれましたよ。私の最後の年（01年）はヘッドコーチの作戦面を含めて、試合を任せていました。

長嶋監督と原ヘッドコーチ（2001年8月17日）

テレビ対談で打撃の極意を長嶋から伝授される原
（1981年1月10日、世田谷区「泉仙」）

「侍ジャパン」に望むこと

「侍野球」は世界レベルです。各選手が各自の力を出し切れば、必ずよい結果が出るはず。遺憾《いかん》なくプレーしてもらいたい。

09年原巨人に望むこと

「日本一」になること。それ以外ありません。

「人間・原辰徳」について

「紳士」ですね。

野球人としても監督としても、器《うつわ》の大きい人です。

プロフィール

36年2月20日生まれ。千葉県出身。54年から57年まで立教大学の花形選手として大活躍。57年巨人に入団。58年の開幕戦で国鉄スワローズ・金田正一投手から4打席連続三振。74年現役引退。75年巨人の監督に就任。翌年リーグ優勝。80年監督を辞任。93年再び巨人の監督に就任し、翌年〝宿敵〟西武を破り日本一。01年監督を辞任し、「終身名誉監督」に。

江本孟紀

訓練された忍耐力か、それとも天性の能天気か

「エモやん」の愛称《あいしょう》で親しまれ、歯に衣《きぬ》を着せぬ物言い、辛口《からくち》評論で知られる江本孟紀氏。現役時代は8年連続2ケタ勝利を挙《あ》げるなど通算113勝をマークしながら、34歳の時に「ベンチがアホやから野球がでけへん」と、突然ユニフォームを脱いだ。

父が警察官だったこともあって、責任感が人一倍ある一方で、曲がったことが大嫌い。こうと思ったら聞かない一本気な性格が、野球界でのエリートの道を踏み外すきっかけになった。しかし、これが人生の大きな転機になった。

翌年の82年に著書『プロ野球を10倍楽しく見る方法』（KKベストセラーズ）で200万部を超える大ベストセラー作家の仲間入り。

その後、多方面に活躍の場を広げたのち、92年にはプロレスラー、アントニオ

猪木とタッグを組んでスポーツ平和党から参院選に出馬。見事に当選し、参議院議員として2期12年務め上げた。

現在は野球評論家という肩書はもちろんのこと、どちらかというと、長嶋茂雄と同じような「文化人」という言葉がぴったりと当てはまる。

もともと、江本が野球を始めたきっかけは、ミスターに憧《あこが》れたからだ。その長嶋のスピリットを、今、継承《けいしょう》しているのが、原辰徳なのだ、という。

俺から見る「原辰徳」という人間は、昔風に言うと「仁義《じんぎ》に生きる男」なんです。これは長嶋さんから続いているんですよ。原という人間が、昔の野球選手にあった独特の野球人としての仁義みたいな、そういうものを引き継《つ》いでいるんです。

一見、長嶋さんとか原とかはそういうイメージがなく、感性で生きているようなところがあるじゃないですか。でも本質は「仁義に生きる男」みたいなところがあって、俺はそこが好きなんです。それは日常すべてにおいてではなく、〝ここぞ！〟という時に出てきます。

◇仁義の男、長嶋茂雄の「恩返し」

子供の頃は長嶋ファンで、野球を始めた。接点を持つなんていうことは絶対あり得ないと思っていたんだけど、プロ野球の世界に入って長嶋さんと知り合った。それはうれしかった。

そして、解説者を11年やったあと、俺は参院選に出たんです。

選挙だから有名人が来て応援してくれるのが一番いいじゃないですか。でも俺はそれがすごく嫌《いや》で、そういう人を極力利用したくなかったんだけど、周りが是非《ぜひ》やってくれみたいな感じになっていたんです。実際は喉《のど》から手が出るほど来て欲しい、それほど苦しい状況だったんだけど、そんな時に長嶋さんから電話があったんです。

「江本が朝のラッシュ時に1人で千葉の駅前でしゃべっていた」と長嶋さんがどこからか聞きつけて、そして、どうも大変な思いをしているらしい、と。

「君、大変らしいね？　どこかで俺が応援に行ってやるよ」という話だったんですけど、「長嶋さんのような方に選挙の応援に来ていただくなんて、とんでもない。お気持ちだけで十分です」と即座に断ったんですけど、「どうしても行きたい！」とおっしゃってくれました。

なぜかと言うと、その時、思い当たる理由があった。

息子の一茂がヤクルトに入った時、当時は野村監督で、やり玉にあげられることも多かった。見かねて一茂をすごく擁護《ようご》した。ある時、自分の仲間であるさまざまな業界の人を集めて「世の中とは？」というテーマで一茂に、いろいろな業界の話を聞かせたんです。俺も一丁前《いっちょうまえ》に「おまえな、監督というのは大変なんだ！監督に逆らってもしょうがないだろ」と話をしました。「そういうおまえは逆らってばかりいたじゃないか」と周りからボロクソに言われました（笑）。

すごく一茂が喜んでくれたんです。一茂が家に帰った時に父である長嶋さんに「実は今日、江本さんに激励会をしてもらったんだ」と話したみたいです。その頃は、一茂はいろいろと落ち込んでいた。親である長嶋さんもなかなか手が出せない。そんな時に俺にこういう事をしてくれたということで、長嶋さんは感動したらしく「その恩をどこかで江本に返さないといけない」と思ったらしい。

そういう恩義みたいなものを持っている人なんです。それがあって、長嶋さんは電話してきたんだと思います。その時に、「長嶋さんが応援演説に来たら大騒ぎになるし、野球界を利用して選挙に勝とうと思ってるのか、と思われるのも嫌なんで」という話をして丁重《ていちょう》にお断りしたんです。

でも、長嶋さんは、さすがアイディアマン！「選挙事務所の前をたまたま通りかかって入ったことにしよう」と提案してきたんです。「それでも、やっぱり……」と断った。もちろん、内心は来て欲しいんですけどね（笑）。「何時何分に通りかかるから待っといて！」と言われました。

事務所には俺とアントニオ猪木さんがいて、ものすごい数の記者とカメラが集まっていました。

そこに、長嶋さんが背広をピシッと着て現れて、目の前で「事務所、ここなんですねぇ」みたいな、誰が見てもわかる〝おトボケ芝居《しばい》〟でスッと入って来て、3人で写真を撮りました。翌日、それが新聞にドーンと載りました。余談だけど、この事がきっかけで、以来自民党の本部にスポーツ紙が入るようになったんです。長嶋さんには、まったく申しわけない、と思いましたが、うれしかったですよ！

◇仁義の男、原辰徳の「恩返し」

なんか、落語みたいだけど、それから2、3日して原から「江本さん、なんだか苦しい思いしてるんですって？」と電話があったんです。当時は巨人のバリバリの４番で、選挙が７月だったんだけど、その頃彼は絶好調でした。「長嶋さんと写ってる新聞を見ました。僕もどこかで行きたいです」と言ってきたんですよ。現役の巨人の４番だぞ、そりゃまずいだろ、と思って、「気持ちだけでありがたい」と断りました。でも「どうしても行く！」と言ってきかない。そこで、なぜ、どうしてもなのか、というのが――。

実はその年、原は開幕から絶不調だった。多くの解説者はバッシングですよ。その時に、俺はなぜか直感的に「絶対復活する！」と思っていて、事ある毎《ごと》に原を擁護《ようご》しました。みんながボロクソに言うと、性格的に逆の事をやりたくなる、あまのじゃくですから（笑）。それを原はずっと見ていたらしい。その事があって自分が復活できた、みたいなのが、どこかにあったんでしょう。それで、その時の恩を返さないといけないということで俺に電話をしてきたんです。もちろん断りましたよ。

長嶋さんは当時評論家だからよかったけど、原は何といってもシーズン中なんだから。

でも、原に「聞いたところによると、長嶋さんが事務所を通りかかったそうじゃないですか。じゃあ僕も通りかかりますよ」と言われて、「また、たまたま選挙事務所を通りかかった、というんじゃダメだろう」と断った。「だったら街頭演説をやっているところを偶然通りかかったことにしましょう」と提案してきた。月曜日かなんかだったんだけど、「東京ドームで練習をしたあとだったら、通りかかれます」と。

当日は、猪木さんの人気がすごかったから、ギャラリーも多くて俺もガードレールに上がり、道路標識に掴《つか》まってしゃべっていたんです。そこに原が車でハチ公前の交差点をビューンと曲がって街頭車の前にキーンと止まって降りてきた。パパッと上がってマイクを持って10分くらいしゃべったかな。あの時、警察まで出ましたからね。ハチ公前は大渋滞。大歓声ですよ。その時、原は俺の予言通り

江本の渋谷街頭演説の応援に駆けつけた原
(1992年7月25日)

に調子を取り戻し、絶好調だったから、もう渋谷はパニックなりました。しゃべり終わったらマイク置いて、車でビューンと帰って行きました。

翌日のスポーツ紙は全部、この事が一面でした。前代未聞だと思うよね。シーズン中、巨人の現役の4番が応援演説に来るなんて。あとで原から聞いたんだけど、球団から呼ばれたらしい。「これは何だ?」と。

ところが原が賢《かしこ》いのは「たまたま練習が終わって家に帰る途中、ハチ公前の交差点でみすぼらしい格好をした球界の先輩の江本さんがヨボヨボとしゃべっていたんです。そこを球界の後輩が素通りすることは人間としてできない」と説明したら、「それもそうだな。野球人として当然だ」と賛同してくれた。そういうことで何の処分もなく注意されただけで済んだみたい。当時の巨人のフロントも偉いな、と思いました。それから彼との付き合いはずっと続いてます。

長嶋さんと原は、俺としたら世間がどういう評価をするかはわかりませんけど「仁義に生きる男」なんだよね。

◇「辞任」翌日の〝出馬宣言〟

原は俺が辞める2年前にプロに入ってきたんです。原のお父さんの貢《みつぐ》さんが監督していた三池工業高校が甲子園で優勝した時（65年）に4番を打っていた苑田邦夫という選手が、俺と法政大学から熊谷組までずっと一緒だった大親友なんだけど、苑田から貢さんのことをずっとよく聞いていたから、その息子だということで、なにか親近感のようなものを感じていました。

03年に監督を辞めた時は、本当にかわいそうだった。その次の日に広島で試合があったんだけど、俺もちょうどその試合を解説する日で広島に行ってきました。

球場に入ったら三塁側のベンチから記者が誰ひとり出てきませんでした。「さすがに原に声はかけにくいよな」と思っていたら、周りが「声かけてやってください よ」と言ってくるわけ。親しいの知ってたから。嫌だな、と思ったけど、でもここで行かないのはどうかと思って、努めて明るく、原がいるバッティングケージの後ろに行ったんだ。

ケージ裏で話す江本と原（2003年9月27日　広島市民球場）

するとと原がクルッとこっちを振り向いて「江本さん！　クビになっちゃいました。僕も参院選に出ようかな」なんて冗談交じりに言われて、こっちも「その時はいつでも言ってよ。だからちゃんと準備しておけよ」と返してやりました（笑）。

そんな話を2人でバッティングケージの所でしていたんだけど、「じゃあね」と振り向いて行こうとしたら「江本さん！」と俺を呼んで、「人生でこんな屈辱《くつじょく》を今まで味わったことありませんから！」と原は言ったんだ、俺に。俺も「わかっている」と答えました。あとは何も言わずに行きましたけどね。

あの時の彼の屈辱感は、本当に苦しかったと思います。でも、もう1回現場に帰ってこられる、とか、巨人のいいところは、読売グループの中で必ず最後まで面倒を見てあげるところがあって、彼も救いはあったと思う。ただ「人間としてこんな屈辱を受けたのは今までなかったです」と言った。俺がその時、監督辞任までのいきさつを聞かなかったから、まぁそんなことは聞いてもしょうがないんだけど、今思うと、原は俺には知っていて欲しかったんだろうな。

誰かに言いたい気持ちは絶対あったと思う。でも、原の立場もあるからね。辞めた時は言いにくかったから、〝その時の我慢〟。原は〝我慢強い〟という面はあるよね。

現在監督としてやっているのを見ていると。一昨年もその前も、あれだけ選手が働かないと絶対嫌になるよ。それでフロントは監督が悪いみたいなことを言うから。原はどこで「勝機が来るまで待っている」なんて言葉を覚えたのかな。俺もわからない。

それは訓練された忍耐力を覚えたのか、天性の脳天気なのか、わかりません。

でも、そのわからなさがいいんだよ、原は。ある種のミステリアスなところで。

◇バッティングケージでの話の半分は、な、なんと政治の話

忍耐強いから、ゴルフがうまいのもわかるよね。俺なんか全然ヘタクソだもん(笑)。なぜ、ああいうふうな性格なのか、というのは俺にはわからない。親父さんのそういうのを見てきたのもあるだろうし、長嶋さんも王さんも見ているし、スーパースターたちが監督をした時の処世術《しょせいじゅつ》を見ているのもあるだろうし、なにより世間に対する好奇心が強い。だから政治も大好き。バッティングケージで話している内容の半分は、実は政治の話題なんですよ。

自民党の郵政民営化についても話をしたし、そういう「世間を見る目」も持っている。

野球の監督でも、つまらない奴は野球の話しかできない。この人間がどれだけのキャパシティを持っているのか、を知るためには世間話をすればいいんです。それが、人を使ったり、とか、監督業につながっていくしね。だから意外と原は

大人物なんですよ。原はどこかの監督みたいに「きっとこういう人物なんだろうな」と周りが作り上げた人物じゃなく、独特な感性を持った、人間としての人物という感じがします。原という人物像を描くとしたら、ひと言で「野球界に最近ない人物」だと思いますよ。

やっぱり人間って、会話した時の感性ってあるじゃないですか。野球の話をしても、他の話をしても、流れが合う、合わない、があるんです。それはまったく個人的なことなんだけど、彼はトータル的に客観的に見ても、ひと言で、とてつもない大人物で、なおかつ、特徴的なのが、我慢強い。同じ7月22日生まれだけど、これは俺にはない部分だね。

◇原にプレッシャー？　あるわけない

ＷＢＣ自体はプロ野球の大会だから1位じゃなくてもいいんじゃないの、とは思います。選手をいかにそこで活躍させられるか。それでいいんじゃないかな。あの大会の意義は、野球は楽しくてすばらしいスポーツだ、と印象づけることなんですよ。たとえば、オリンピックに出た選手で「野球が楽しかった」という人は誰もいないじゃないですか。勝ち負けじゃなく選手に「いい野球ができた」というものを与えられれば、原はすばらしい監督だと思います。

それくらいの余裕《よゆう》で見たほうが、絶対おもしろい。たぶん、みんながいろいろプレッシャーをかけてるけど、原にはかからない。プレッシャーはないと思います。

周りのほうがいろいろ言い過ぎて、原自身は「そういう顔しとくか！」ぐらいの気持ちですよ、きっと。プレッシャーでガチガチになるような小物じゃない。大物ぶってても実際は小物だったという人もいますが、原は絶対に違いますよ。

プロフィール

47年7月22日生まれ。高知県出身。

法政大学、熊谷組を経て70年ドラフト外で東映フライヤーズに入団。

71年南海ホークスにトレード。73年リーグ優勝。75年阪神・江夏と交換トレード。81年現役引退。

92年7月、第16回参議院議員通常選挙でスポーツ平和党より出馬し、参議院議員初当選。

04年、大阪府知事選挙出馬後、参議院議員を離職。

07年7月24日、タイ王国ナショナルベースボールチームの総監督に就任。

現在、新聞・テレビ・ラジオなどでプロ野球解説者として活動する一方、野球普及にも努める。

小倉弘子

奥様の愛が支えるジャイアンツ愛

小倉弘子は正統派スポーツキャスターとして、精力的にスポーツの現場を取材で飛び回っていた時期がある。97年にTBSに入社。最近は、夕方ニュース番組のキャスターとして活躍し、すっかり報道の顔になったが、入社2年目の98年から同局ニュース番組内のスポーツコーナーを担当するなど、テレビ業界きってのスポーツアナとして人気を集めた。05年4月には元プロサッカー選手の水内猛と電撃《でんげき》結婚。周囲をあっと驚かせた。

はっきりと聞きやすい、女子アナの中では珍しい少し低いトーンの声は、耳にする者には心地よく、ラジオにも活躍の場を広げた。

04年4月から05年12月まで毎週土曜日の午後5時から15分、TBSラジオ『原辰徳のいきいきトーク』という番組を持ち、原辰徳という男性の知られざる顔を垣間《かいま》見ることになった。ダンディ、亭主関白《ていしゅかんぱく》、若大将、勉強家、探求者、努力家……。マイクを切った場所で見ることのできたさまざまな表情を、小倉は今でも忘れずにいる。

◇驚いた結婚祝い

原さんは当時、監督を一度辞められて野球解説者として活躍されていたのですが、オフとはいってもお忙しい方だったので、1日で4週分の収録をしていました。私は05年4月に入籍したのですが、放送の収録日に、原さんが「入籍祝いに！」と、スタジオにものすごい大きな花束を持って現れたんです。個人的なことだったので、あえてご報告はしていなかったのですが、結婚したという報道をニュースか新聞で知ったのでしょうか。その花束は私の（身長174センチの）上半身くらいある大きさだったんです。「こんな大きいものもらってどうするの!?」と思いました（笑）。

主人の水内が当時の朝番組のスポーツコーナーをやっていたのを原さんがご覧

になっていたみたいで、その時の印象のことを一生懸命、私に説明してくれました。

「彼はいいよね、大汗をかきながら、これぞスポーツマンという気持ちで番組やっているのがわかるよ。いい人、選んだね」と。すごく温かい方だなと思いました。

◇〝鍋奉行〟が譲れないモノ

『いきいきトーク』という番組では、原さんはほとんど野球の話をせず、周りにはむしろ、触れるな、くらいの感じでした。遠征《えんせい》先でのなじみのお店の話や、散歩など健康にまつわる話、プライベートの話がほとんどでした。

よく覚えているのは、「鍋」の話です。原さん「鍋奉行《なべぶぎょう》」なんですよ！

「やっぱり入れる順番とかありますか？」

「そうそう、そうそう！　青物は最後くらいで、あまりこだわりはないんだけど……」

とおっしゃって、一番こだわるのは〝卵の入れ方〟なんです。最後にといだ卵をスーッと入れる、このタイミング。ふっとお湯が沸くか沸かないかくらいの夕イミングを計るのが難しいんだ、と。それは必ず家でも監督がなさるみたいです。〝卵担当〟だけは譲《ゆず》らないんだとか。

それで「いっぱいとくんですか？」と聞くと、「そうでもない。切るように！　スーッ、サーッ！」と、これしか言わないです。「白身、固まっちゃいますよね!?」と言ったら、「そこをサーッ！と」と切り返されました（笑）。ラジオは音だけで、想像力のメディアですから、その表現が絶妙でしたね。

卵のとき方もそうなんですけど、「それがいいんですね」と念を押すと「それが僕の〝流儀《りゅうぎ》〟だから」って。〝流儀〟という言葉は好きみたいですね。

「私もやってみようかな」と話すと、「流儀は人それぞれだから、取りあえず試してくれればいい」と言われました。こういうところ、原さんらしいんですよね。

『原辰徳のいきいきトーク』の頃の原と小倉

◇シャツからわかる奥様の愛情

そういう楽しい時間をご家庭で大事にしているな、というのが、収録で着てきたパリッとしたシャツからも想像できました。奥さまもすごく原さんを愛していらっしゃると思います。でも、ずっとご一緒にいるというのは大変そう。

もしもアイロンをかけていなかったり、のりのきいてないシャツとか出したら「今日はどうしたの?」と絶対、言いそうだから(笑)。それをさりげなく毎日やっていけるというのは、すごいことだと思います。だからこそ、監督は常に自信に満ちたオーラがある。家庭がしっかりしている人というのは、外でのパフォーマンスが上がるんだな、と思いました。

ラジオパーソナリティは着るものに無頓着《むとんちゃく》という人もいますが、いつも襟までパリッとしているチェックのシャツとか、一切毛玉のないセーターとか。着込んでいるはずなのに、必ずシャツやセーターはきれいでした。

女性の目から見たファッション・チェック。男性を見た時、ワイシャツののりのノリ具合と、スーツのズボンの折り目具合から、奥様の愛情がわかる、と言われたりする。あとは靴。革靴ならきちんと磨《みが》かれているかどうかで、その家庭状況がわかる、というもの。

原はどんな時でも、人前に姿を見せる時は、常に必ずビシッと決めている。監督として遠征、移動の多い生活の中でも、それは決して変わらない。グランドでのユニフォームの着こなしも、乱れることはない。一流の人間は一流のモノを身につけ、そして、常に「他人《ひと》に見られている」という意識を忘れず、スキをみせるような格好は絶対にしない。それが、原の〝流儀〟なのだ。

そうした一面は、小倉が原と食事をともにした時にも強く感じたことだ。高級というより、上品にフランス料理を楽しむ、そういう時間がゆるやかに、ゆったりと流れた。

原さんにワインを飲みに連れて行ってもらったことがあります。

「この人、本当にワインが好きなんだ」と思わせる空気でした。高そうなワインが4本くらい並んで「今日はこれ、飲むからね！」みたいな感じでした。

ワインを前にして、まず、こんな話をしてくれました。

「もしも値段をつけるならば、このなで肩《がた》のブルゴーニュが一番高いんだけど、今日は最初にこれを飲むから。わかる？　どうしてだか。ブルゴーニュは香りを楽しむやわらかいものだし、繊細《せんさい》だから。本当はこれを最後に飲んでもいいんだけど、あえてこれを最初に行くから」

そんな説明がありました。食事もワインに合うように、すごくアレンジしてくれました。鍋の卵落としができて、ワインのうんちくをたくさん知っていて、食事のアレンジもできて。とても野球だけやっていた人とは思えません。嫌《いや》らしさもなく、スマートさを感じました。


食事のアレンジというよりは、完璧《かんぺき》なまでにフランス料理を心から楽しむ、といった感じの中で、原がそれに合わせてワインをセレクトする、という高貴な時間が流れた。

もともと、この食事会、取材現場で「今度、ぜひ、おいしいワイン飲ませてください」と言ったことがきっかけだった。「そうだな、いつにする？」と、社交辞令的に流されそうなところを、その場ですぐに日にち、場所が決まった。シーズン開幕直前の出来事で、小倉は「無理を言っちゃったかな？」と思ったものだ。

それでも、非常に思い出深い時間として心に刻《きざ》まれている。

優勝した時の記念に、もう何十年も前のヴィンテージワインを空《あ》けた時の話をされたことがありました。「そこに入ってる空気を楽しむんだ」みたいな。「だって、ワインのコルクを空けた瞬間に、何十年前の空気が流れ出す、呼吸を始めるんだよ。そして、その時代の空気を仲間と一緒に共有できるんだよ」と。〝すごいでしょ！〟と目を輝かせながら、身を乗り出されて熱く語られたことを覚えています。

現役時代に優勝したとき、仲間と一緒に、ヴィンテージもののロマネ・コンティを空けたとおっしゃっていました。

◇自分に厳しく、他人に優しく、負けず嫌い!?

とにかく、歴史事実を引用するのが好きなようでした。勝敗を毎日考える人間として、戦い続けた人たちの歴史にやはり興味を持たれているんでしょうね。

ずっと番組を一緒にやらせていただいて、ご自分のＮＧが嫌《きら》いなのがわかりました。「今日は何月何日土曜日」という番組冒頭のコメント（クレジット）をかんだりすると、すごく嫌《いや》そうな顔をされていました。

あとは、頭の部分で原さんが決めたエピソードみたいのをお話しましょう、ということになって、それを言い間違えたりすると、すごく不機嫌《ふきげん》そうな顔をして「もう一回！」と言ったり。でも、私が何度も同じところを間違えた時は「いいよ、いいよ！」みたいに。〝ＮＧはどこまで続くんだろうねえ〟とうれしそうな顔をしてるんです。自分に厳しいのか、他人に優しいのか、それとも単に負けず嫌いなのか。わからないですけどね（笑）。

原さんはやっぱり「元気な若大将」というか、一触即発《いっしょくそくはつ》じゃないけど、いつもこう、燃えたぎるような感じにも見えるんだけど、その一方で、〝凪《なぎ》〟という感じで。フツフツと静かに静かにしていて、見えないところでものすごく努力されている感じがします。本も読むだろうし、練習もするし。だから原さんには、鍛《きた》えられた感じです。

◇礼儀正しく、常にわきまえたスーパースター

野球選手やスポーツ選手、政治家もそうだが、彼らはテレビカメラを前にすると慎重《しんちょう》に話すことが多い。映像を伴い、その影響力も大きいため、言い回しに、ものすごく気をつける。その一方で、ラジオ収録の場合、マイクの前で見えない聴取者に語りかけるスタイルが多いため、その人の「そのまま」が出ることが多かったりする。だから、わずか半年という短い期間ではあったが、自らの番組という形でパーソナリティを務めた原の、最も側にいた小倉が思った彼の印象というのは、非常に本質に迫《せま》ったものと言えるのかもしれない。

原さんは、思った以上に緻密《ちみつ》で繊細《せんさい》な人でした。〝どこか大雑把《おおざっぱ》なところもあるのかな？〟と思っていたんだけど、そんなことない。たとえば、私が一瞬、腰を捻《ひね》ったりとかすると「あれっ、腰痛いの？」と声をかけてくださって、こんな話をしてくれる。

「あのね、腰は正座がいいんだよ！　体のバランスを整えるためには正座が一番いいんだ。これ、宮里藍ちゃんにも教えてあげたんだけどね、ゴルフは左右のバランスが大事だから。まぁ、これは余談だけど、正座をすると体がまっすぐになって芯《しん》が通っていいし、血液の流れもいいし、腰が痛い人はとくに何分かでいいから黙《だま》って正座してみて」

こんなふうに、アドバイスしてくれました。そういうことを、常に何か、意識している人です。〝これがあったら原因はこうだから、こうしよう〟というのを常に考えながら動いているように思います。

いつもスーパースターでありながら、すごく礼儀正しく、人に対して常にわきまえて接しようとする姿勢がありますよね。小さい頃からスーパースターだったわけでしょ？　地元でも学校でもずっとトップだったと思うのに、そういうことが自然と身についている。そんな人でも何か学ばなきゃいけないということを常に感じていたのではないかな。もしかしたら、それはお父様の影響なのかもしれないし、常に何かを学ぼうとする姿勢は、見ていてわかることですね。

自分の番組については、聴取率《ちょうしゅりつ》など気にしていたのかもしれないけど、よかった時だけ周りが言うから「ああよかったね」と言うだけで、「この前はどうだったの？」とかは絶対に言いませんでした。

ラジオナイターのパーティでは、ひとこと挨拶《あいさつ》するのでも「今年はどうだったの、ラジオの聴取率？」と言って「勝ったの？　そう」とその話を挨拶の中に織り込んでくれて完璧《かんぺき》に話をするとか、いいところをくすぐってくれるというか、みんなが喜ぶところを事前に調べて話してくれるというのがすばらしいなと。

私はそのパーティの司会だったんですが、原さんはそういうこちら側が何を求めているかをパッと感じ取ってくれるスマートさがあります。

「ナイターパーティ」とは、ラジオ局が主催して、スポンサーを招《まね》いて行われるパーティのこと。

番組の存続というのは、スポンサーの力や意向に左右されることが多く、番組の聴取率が高ければ高いほど、スポンサーがその後の番組を継続してバックアップしていくことにつながる。スポンサーからの収入は、ラジオ、テレビ局にとっては大きな収入源の1つでもあり、聴取率の高さを立場ある人間がさりげなくアピールしてくれるというのは、営業担当者や番組製作者にとっても、非常に助かることで、ありがたいことだ。原は、このような状況を即座に読みとり、スピーチにも反映させる高度なスピーチ能力を身につけている、という証《あか》しでもある。

◇ユニフォームを脱ぐことが唯一の自由

小倉がこの世に生を受けた74年は、原がちょうど東海大相模高に入学した年だ。物心《ものごころ》ついて、周りの男子が学校の校庭で野球を始めだした頃、巨人の背番号8は、ちょうど不動の4番打者として絶頂期にあった。少年の多くは、バットを構えた時、原の打撃フォームをまねて、あごを左肩に乗せ、目を見開いて投手をニラみながら〝♪ホ～ムラン、タツノリ～っ♪〟と口ずさんでいたものだ。

「エイトマン」はスーパースターの数字だった。

原さんが選手の時、私はあまり野球を観ていなかったから、イメージとしては監督からですね。ただ、クラスメートはみんな、原さんのマネをしていました。草野球でもみんな〝背番号8〟を取りあっていました。「エイトマン、エイトマン！」と言いながらね。

そんな私が02年はガッチリ、スポーツ番組をやっていたんですから（笑）。サッカー日韓ワールドカップにも取材に行き、原監督にはグランドでインタビューしたりもしました。

巨人の02年リーグ優勝は甲子園だったんだけど、ビールかけにも参加させてもらいました。『NEWS23』でその模様が生放送されたから真夜中だったはずです。優勝マジックを1として甲子園の阪神戦に臨み、延長12回に前田幸長投手がサヨナラ暴投したりしながらも、2位のヤクルトが負けていたことで夜の11時頃に優勝が決まった。選手宿舎に行き、そこの駐車場で祝勝会の取材をしました。

その時の原監督へのインタビュー、何を聞こうか、いろいろ考えたんだけど、なかなか出てこなくて。みんなに感謝をしたい、というタイプのコメントをする原さんは、どちらかと言うと、楽しければいい、華《はな》やかならいい、という勢いでコメントをするミスターとは、また違うタイプだと思いましたね。

原さんを取材する中で、よく話されていたのは「僕ら野球関係者に許される自由は、ユニフォームを脱ぐということだけだ」という話。「球団に入るにしても自分の自由にはならない。打席に立てるかどうかも自分の自由にはならない。監督ができるかどうかもそう。ユニフォームを脱ぐ、つまり監督や選手を辞める、ということだけは自分自身で決められる。それしか自由がないんだ」と。

〝人事異動〟の名目で監督をお辞めになった後だったので、いろいろと思うことがあったのでしょうか、「ただ、辞めると決めたのは自分だし、決めたからには今後に必ず活かすつもりですから、皆さん待っててください」と。あの時に話されていたコメントは、原さんらしい言葉ですよね。

小倉にも人事異動があって、これから先、再びスポーツの現場に戻ることがあるかもしれない。

その時は、原の〝流儀〟と〝教え〟に従おうと思っている。身につけたものをしっかりと活かし、偉大なる大監督の本音《ほんね》をインタビューできる日まで、毎日が勉強だ。

プロフィール

74年9月4日生まれ。東京都出身。東洋英和女学院卒業。

97年TBSに入社。

シドニー、ソルトレイク、アテネ、トリノ五輪では現地キャスターとして取材。

04年4月「原辰徳のいきいきトーク」スタート。05年12月まで放送。

04年5月に開催した「アテネオリンピック・バレーボールアジア最終予選」のキャスター。

現在、報道キャスターとして活躍中。

仁志敏久

「8」のサイン入りバット

仁志敏久は男気があって一本気。

その一方で、負けん気が強くて、思ったことをはっきり口にするから、誤解されることもある。だから、生き方が少し、不器用なのだ。でも、裏表がないぶん、とても魅力的《みりょくてき》な人間であり、スポーツ選手が失いがちなバランス感覚をしっかりと身につけた希有《けう》な存在でもある。

06年のオフに、巨人から横浜ベイスターズに移籍《いせき》した。プロ11年目の時のこと。当時、このトレードについては、仁志が移籍を志願、と報じられた。不振、故障、若手の台頭《たいとう》など、さまざまな要因がその年の仁志の身に降りかかり、チーム内での働き場所を確かに失っていた。志高く、冷静に自分自身を見ることのできる男は、新たな活躍の場を求める決断を自らに下し、その苦渋《くじゅう》の決断に、理解を示して首を縦に振ったのが、原監督だった。

しかし、周囲の目は、「巨人を追われた男」と見るそれだけでなく「原監督に巨人を追い出された男」という同情にも似《に》た感情で向けられることすらあった。

仁志に、原監督の話を聞くことはタブー。

そんな空気が取材現場に一時、広がったこともあった。

しかし、2人にはそれまでも、それ以降も、未来永劫《えいごう》、決して引き裂《さ》くことのできない絆《きずな》で結ばれていることを、周囲の多くは知らない。

仁志は、巨人の偉大な背番号「8」の継承者《けいしょうしゃ》なのだ。

栄光の番号を担《にな》うことになった男にとって、原辰徳という男はどんな存在だったのか。そして、その「8」のユニフォームとの別れ。巨人との決別。すべてを、仁志は語った。

◇原ファンだった少年時代

ちょうど僕が野球を始めた頃に、原さんが巨人に入団したんですよね。原さんはドラフトの目玉として注目されていましたから、よく覚えています。中学生になると野球が忙しくなって、野球中継をあまり観ることができなくなってしまったけど、小学生の時はかぶりつきで観ていました。巨人にはスターがたくさんいて、中でも原さんは若くて輝いていました。小学校に入った頃のヒーローは王さんでしたけど、僕は原さんのファンでした。ファンもファン、大ファンですよ。当時、選手名鑑などを見て、プロ野球選手の誕生日とか血液型とかを覚えるのが好きでしたが、今でもいろんな選手を覚えています。その中でも原さんの項目は特別でした。

茨城の古河《こが》市に生まれ、育った。いつも行くスポーツ店には、野球選手のグッズはあまり多く置いてなかったが、ポスターはあった。わずかなおこづかいをためては、そのスポーツ店に駆《か》け込み、ポスターを買った。もちろん、それは、原辰徳がさわやかにスマイルを浮かべ、グランドで輝く姿のものだった。いろんなバージョンのポスターを買って、部屋いっぱいに貼《は》って、夢を膨《ふく》らませた。いつかは自分もプロ野球選手になるんだと。その後、時は流れ、仁志少年が常総学院高に進み、高校球児として甲子園で活躍、夏の甲子園で準優勝し、早稲田大学へ進学しても、実家の部屋で原辰徳は微笑《ほほえ》み続けていた。

若大将と呼ばれた巨人のスーパースターの背中を追うだけでなく、2人は運命の糸で、確かに結ばれていた。

中学1年の時だったかな。『ジャムジャム野球界』(ベースボールマガジン社、現在休刊)という雑誌の懸賞《けんしょう》に応募して、なんと、原さんのサイン入りバットが当たったんですよ。

書店で立ち読みしたら当選者のところに「仁志敏久」って書いてあって。大喜びでした。その雑誌今でも実家に全部取ってあるんですけど、でも、なぜか、その懸賞に当たった号だけないんですよ。

そのバットですが、普通は使わないで飾《かざ》ったりするんでしょうけど、実家に打撃マシーンを買ってもらい、通学前のティーバッティング用に使っていました。サイン入りのバットでいっぱい練習をして、サインを消して、プロに入って第一打席目でそのバットを使い、原さんにもう一度サインしてもらおう、なんて考えてたんですよねぇ。結局古いものになってしまって使えなくなってしまったんですが。

野球人・仁志の原点は、原辰徳なのだ。

あこがれのスターのバットを振って、振り続けて、たどり着いたプロのスタート地点。95年ドラフト2位逆指名で巨人入りすることになったが、背中を追い続けたスターは現役を引退。一緒にプレーすることは叶《かな》わなかったが、決して野球の神様は非情ではなかった。背番号8が、原から仁志へ、巨人の熱いスピリットとともに、託《たく》された。

原辰徳との初対面は記者会見場に懸賞で当たったバットを持参
（1995年11月23日）

たまたま僕が入った時に背番号8が空《あ》いたので「もしかしたら付けられないかな？」と期待していました。でもこちらから「ください」とは言えないじゃないですか。

入団発表の直前にスカウトに「おまえの背番号は8番だよ」と聞きました。「やった！」と思いましたよ。実際に入団発表のとき、8の入ったユニフォームを見て、うれしかった。そりゃあうれしいですよ。

背番号8でいえば、原の前につけていた高田繁（現ヤクルト監督）も、原も、新人王を獲得。そして仁志も、偉大な番号のプレッシャーに押しつぶされることなく、新人王を手にした。巨人退団後、現在、その8番をつけているのはオリックスから移籍してきた谷佳知。巨人のエイトマンの活躍はやはり気になる。

「次に新人が背番号8をつけた時にどれくらい活躍してくれるのか注目してみたいですね」と仁志は語る。

◇「夢の続き」、原監督とともに

プロに入って最初の大きな転機が訪れたのは、4年目。99年のシーズンから、長嶋監督の下で原が野手総合コーチとして現場復帰。仁志にとっては初めて、あこがれ続けたヒーローと同じユニフォームを着て、同じグランドに立ち、ともに笑い、汗を流す夢が実現した。

まさかそんなことになるとは夢にも思っていませんでした。自分が野球を始めてから巨人に入るまでのそこまでの期間を考えると、まったくあり得ない話です。原さんも引退後、再びユニフォームを着るまでの間、忙しくてあまりグランドには来てなかったし、実際にお会いしたのも数回。グランドに来ても一緒にプレーした選手とはよく話していましたけど、僕が背番号8をつけているとしても、原さんにとってはまったく知らない若造《わかぞう》でしたからね。

00年のヘッドコーチを経て、翌01年、〝ジャイアンツ愛〟のキャッチフレーズを携《たずさ》えて原監督が誕生。前年度にシーズン自己最多20本塁打を1番打者としてマークした仁志は、新たな指揮官の下で、それまでの野球人生にはなかった「使命」を担うことになる。それは、切り込み隊長から2番打者への配置転換。その戸惑《とまど》いから打撃不振に陥《おちい》り、故障もあって、戦列に復帰した時、仁志の打順は7、8番になっていた。

野手総合コーチとしての原さんは、個人的に1人ひとりに目を向けるというより、チーム全体を見渡していました。上には長嶋さんがいるし、下には他のコーチがいて、原さんはもっと言いたいことがあっただろうし、選手側にも原さんに言いたいことがあった。やはり監督になって、試したいこととか、一気にどっと原さんのカラーが出てきた印象はあった。

ミーティングでは「もっと自分に厳《きび》しくあって欲しい」ということをおっしゃっていました。あぐらをかいて欲しくないということなんでしょうね。たとえレギュラーであってもベテランであっても常に競争意識を持って欲しいと。それらが結果的にチームにいい効果を生むという考え方でした。原さんは、みんなを満遍《まんべん》なく見ていた気がします。ひいき目がありませんでした。ひいき目がないから実績がある選手でも調子が悪ければ代えてどんどん若い選手を使っていました。

監督の方針なんで自分たちがそれをわからないというのは別におかしなことではないと思います。たとえば戦力が整っていないチームは、監督がチームをこういう方向に導《みちび》きたいんだというのがわかりやすいじゃないですか。でも巨人は戦力があまりに整い過ぎている。どうにでも合うパズルを組んでいく難しさもある。固定した方針というのは自分への厳しさや選手の競争意識、これは一貫《いっかん》していました。

8番の継承者、仁志敏久

原監督の打ち出した競争原理主義。それは、時に厳しく、時に非情だった。しかし、常勝軍団を義務づけられているチームにとって、これは絶対不可欠なイデオロギーであり、勝負哲学でもあった。原監督1年目の時、それを痛感した仁志は、自分自身の闘争心に激しい火をともし、肉体にムチを入れ、リベンジを誓った。その結果、絶好調で開幕を迎え、一時は首位打者に名前を踊《おど》らせるほど、順調なシーズンを送るかに見えた。が、守備中の怪我《けが》でまたも戦線離脱《りだつ》。原監督の期待と信頼に2年連続で応《こた》えることはできなかった。この2年間は苦《にが》い思い出ばかりだ。それでも、決して忘れられないことがある。

03年5月3日、東京ドームでの広島戦。2点ビハインドで迎えた8回、仁志は同点2ランを放った。9回、阿部慎之助の犠牲フライで巨人はサヨナラ勝ち。この試合は原監督通算100勝目という記念すべき勝利、仁志は4打点の活躍で勝利に貢献した。

原さんが監督になって2年目の時でした。初めて監督賞をもらったんです。2ランを打って、試合が終わってからうれしそうに「監督賞出すからな!」と肩をたたかれて言われました。試合に勝ったことがうれしかったのかもしれないですけれどね。で、もらったその目録に、こう書いてあったんです。

「あげたかったんだけど、なかなかあげられなくて……」


自分を常に見ていてくれた。そう気づかされた瞬間だった。

原監督は選手に対して、分け隔《へだ》てなく、平等に見つめる目を持っている。が、本当は、だれよりも目をかけている選手には、実は厳しい態度を取るところがある。期待するからこそ、あえてムチをふるう。日本ハムにトレードになった二岡に対しても、仁志と同じようなところがあった。

巨人軍の監督というのは、勝って当たり前のような大戦力を抱《かか》えながら、それを使いこなさなければいけない。プライドと実績の高い選手を数多く抱え、そうした選手を腐《くさ》らせることなく、同時に、若手も育て上げていかなければならない。すべてを両立させながら、勝負に徹《てっ》しなければいけないという、永遠の難題を抱えながら戦っていかなければならない。

外から見ていてすごく大変だなと思います。あの中でやっていた自分も大変だったし、選手を使う監督も常に競争心を煽《あお》っていると思いますから。その中でやっていくことの大変さは傍《はた》から見て余計にわかります。ただ皆にチャンスを与えてくれるから、若手でも「ちょっとこいつはおもしろいな」と思ってもらえれば使ってもらっているというのがあります。

ベテランはそういう若い人たちに負けないようにやっているわけですから、より大変だなって。

ベテランはどのチームにいても監督は使うのが難しいんです。結果を出してくれればそれに越したことはないんですけど、いい時もあれば悪い時もあるんで。ベテラン本人のがんばりも大変だし、とくに巨人は見極めが大変でしょうね。代えようと思えば代えがいないわけではない。小笠原やラミレスのようなベテランはそう簡単には追い越せない。これは原さんだからというのではなく、やはり巨人の巨大戦力の問題ですが、そこにはやはり、監督として結果を出さなければいけない大変さがあるでしょう。

◇知られざる「永遠の若大将」

背中を追い続け、夢を膨《ふく》らませた偉大な存在、原辰徳。憧《あこが》れから、少しだけ身近に思えるところにまで近づき、そして、いつしか、監督と選手という関係になった。仁志にとって、それまでのヒーローは、それからも、これからも、変わらない存在なのだろうか。ふとした瞬間に垣間《かいま》見せる指揮官の素顔とは、仁志の目にどう映っていたのだろう。

監督になられたということで、野球少年と巨人の原辰徳というその距離感の遠さとはまた違う意味での遠さを感じています。野手総合コーチやヘッドコーチとして一緒にやって近づいているように感じていたけど、やっぱり監督になるということもそうだし、なれる人というのもそうだし、それは偉大なことです。中日の監督である落合さんとも一緒に巨人でやっていたんですけど、今ではものすごく遠い人のように感じます。

でも、少しだけど、身近に感じるような時もあります。

原さんは、たとえば、試合に入るとグッと熱くなって、練習中でも若手にバッティングとか教え始めると、一緒になって、とことんまで行ってしまうようなところがある。

試合前の話ですが、ノックが終わって円陣《えんじん》を組んだ時に、「よし、がんばるぞ！中西もチャンピオンになったことだし！」と言ったことがありました。

新日本プロレスの中西学が、99年、「G1 CLIMAX」で初優勝した時のことで、周りは「中西？」ってポカーンとしていました。原さんはずっと長いプロレスファンですからね。僕もプロレスは観てましたけど「ここで中西？」って思っちゃいました（笑）。でも原さんは、好きだからグッと気合いが入ったんでしょうね。

◇永遠であり続ける「ヒーロー」

06年のオフ、仁志は巨人のユニフォームを脱ぎ、原から譲《ゆず》り受けた背番号8に別れを告げた。新たに横浜ベイスターズのユニフォームに袖《そで》を通し、「8」より1つ少ない「7」という背番号を選んだ。それは、社会人野球、日本生命時代につけていた番号。もう一度、自分自身の原点に戻り、もう一度、夢を追い続けようと思ったからだ。仁志もまた、「夢の続き」を見るために、前を向いた。

秋季キャンプが始まっていたから、電話になってしまったんですが、原さんには「仁志にはたくさん良《い》い思いをさせてもらったから、これからもがんばってくれ」と言われました。02年に日本一になれたのは良《よ》かったですけど、原さんが在任中の時はそんなに成績が良《よ》くなく、申しわけなくて……。移籍後の相談もしたことがありました。

「どんな選択をするにしても応援するつもりだから」と話をしてくれました。ありがたい言葉をかけてもらいました。

原さんには、上に立つ者は、その下にいる人間の人生を背負っているんだな、という事を学びました。ものすごく理不尽《りふじん》なことをしてしまえば、その人の人生にかかわるし、倒れていく選手に手を差し伸べてあげれば、また人生が変わる。

横浜に移籍するときも、僕は原さんに背中を押してもらいました。プロとしてある程度のことをやれて、夢は実現できているので、あとは一野球選手として自分の野球人生の価値観をどう取るか。

巨人の仁志で終わりたいのであればここで終わればいいし、一野球選手として全《まっと》うすると信じたのであれば、続ければいい。その選択肢を原さんにもらい、そこを後押ししてもらったおかげで、また野球をやれているといった感じです。

あと何年、ユニフォームを着続けられるのか、わからない。ただ、ボロボロになるまで、白球を追い続けたい、と思っている。少年時代、部屋に貼っていたポスターの中で躍動《やくどう》していたスーパースターの姿を、仁志はいつまでも追い続け、いまだに少しでも近づきたい、と思い続けている。気がつけば、そういう仁志もまた、プロの世界に飛び込んくる若い選手にとっての「原辰徳」になっている。

今、プロに入ってきている選手がちょうどそんな感じなのかな。

プロに入って13年目なんで、10年くらい前と考えると、今の20歳過ぎくらいの選手がちょうど当時は小学生だったんですよね。

チームメートの石川雄洋選手に「仁志さん、実はボク、仁志さんのルーキー時代のテレフォンカード持ってるんです。サインください！」と言われたこともありましたから（笑）。

子どもたちはプロ野球選手になって、ユニフォームを着て、たくさんのお客さんの前でいいプレーをしたいと夢見ていると思います。

僕は個人タイトルが多かったというわけではないけど、新人王をもらい、巨人の背番号ひとケタをつけ、11年間やり続けられた。こんな選手は、長いプロ野球選手史の中でもひとつまみくらいの確率じゃないですか。広い視野で考えれば大成功だと思います。

プロフィール

71年10月4日生まれ。茨城県出身。
常総学院高校時代、夏の甲子園に準優勝1回含め3年連続で出場。
早稲田大学、日本生命を経て、95年ドラフト2位で巨人に入団。
96年セ・リーグ新人王を獲得。
06年オフ横浜ベイスターズにトレード。

横尾要

その時、僕は真剣に芝目を読んだ

95年はスポーツ界の世代交代が進んだ年だった。野球界で原辰徳が引退し、ゴルフ界では次世代を担《にな》うスター候補が続々と現れた。日本大学ゴルフ部で腕を鳴らした片山晋呉、宮本勝昌とともに、横尾要は難関のプロゴルファーテストに合格。すぐさま「ブリヂストン・オープンゴルフトーナメント」で5位入賞を果たす鮮烈《せんれつ》なデビューを飾《かざ》った。3年目の98年には「アコム・インターナショナル」でツアー初優勝。ちょうどその頃、原と横尾の2人の交流が始まった。

◇プロ顔負けのゴルフの腕前

原さんとのお付き合いはヘッドコーチになる前からなので、現役を引退されて野球解説者をしていた頃からですね。

やっぱりさわやかでしたし、「〝若大将〟そういうあだ名がつくのもわかるな」と思いました。僕の中で憧《あこが》れの存在でしたから。会えただけでも感動ものでした。〝相手にされない〟と普通思いますよね、業界も全然違いますし。でも原さんがゴルフに興味があったからかもしれませんが、すごく優しく接してくれました。まさか、今みたいにこんなに親しくなれるとは思っていませんでした。初めて会った時、僕はまだ20代でしたから、人間としても今と比べてそんなにできていなかったと思うし、原さんみたいにならないといけないんだなと思いました。いろいろなところにすごく気を遣《つか》われるじゃないですか。そういう部分ではすごく勉強させられました。

東京生まれだし、野球もやって巨人ファンだったから、憧れの原さんに少しで

第１回レクサス選手権大会（2008年11月8日）

も近づきたかった。知りあえたことも、親しくなれたことも本当にうれしかったです。僕が原さんに会って一番最初に思ったのは、〝ゴルフをやっていてよかった〟ということです。もし野球を続けていたら知りあえなかったかもしれません。ゴルフを始めてプロになれたから、原さんと知りあえたんですよ。

だから、すごく幸せだなと思います。原さんは誰に対しても丁寧《ていねい》に接してくれる。誰と接するにも同じなんです。あれくらい、さわやかになりたいですよ。

初めてゴルフを一緒にラウンドさせていただいたのは98年。この人はすぐにプロゴルファーになれるなと思いましたよ。原さんのゴルフの腕前は話には聞いていましたが、一緒に回った時、負ける寸前まで行ったんです。最後の最後でやっと逆転して勝てたんですけどね。僕はゴルフが仕事ですから、遊びといえども絶対に負けたくなかったですよ。

この時、原の事務所マネージャー、松原靖氏も一緒にラウンドしていた。アガリ3ホール。目撃証言によれば、横尾プロはかなり真剣だったらしい。グリーンでかける時間が、それまでの3倍になった、という。プロゴルファーというのは、普通、気心《きごころ》知れた友人などと楽しくラウンドをする場合、サッと後ろからラインを読んで、パターには時間をかけないもの。しかし、この時ばかりは違った。本当にスコアが競っていただけに、横尾プロの表情から余裕の笑みは消えていた。「ちょっとスミマセン、真剣に見ていいですか?」。それはまるで、ツアーでのワンシーンだった。ラインを後ろから読み、カップの逆にまわって、もう一度見て、それからさらに慎重《しんちょう》にパターを行い、かろうじてカップイン。プロを本気にさせるほど、原の腕前はプロ顔負けだった。

技術的なこともそうですが、飛距離がすごかったです。野球選手は飛ばす人が多いのですが、原さんは本気でやればすぐプロになれるなと思いましたよ。

野球とゴルフの違いは、野球は〝団体競技〟、ゴルフは〝個人競技〟。ゴルフは何ごともすべて自分でやらないといけません。野球は自分が打てなくても他の人が打てばいいし、投手が点を取られてもそれ以上に味方が点を取れば勝てますよね。そういう部分では、ゴルフは個人競技だから辛《つら》い時は本当に辛いです。誰も助けてくれませんから。

僕も少年野球をやっていましたが、ちょうど原さんが現役で活躍していた頃は野球にすごくはまっていました。〝背番号8〟を取りあいした記憶がありますよ。ポジションは小学校でショートとキャッチャー、中学ではピッチャーと外野手をやっていました。

小学校5年生の時に、遊んでいて右ひじを骨折《こっせつ》してしまったんです。その頃でしょうか、野球より将来はゴルフをやろうかな、と考え始めたのは。

少しずつゴルフに興味を持ち始めていました。

父の影響もありますけど、青木功さんが83年にハワイアン・オープンで優勝された時、その勝ち方にすごく感動したのが大きなキッカケです。僕が10歳か11歳の時でした。

83年と言えば、原がプロ3年目のシーズンに臨《のぞ》み、スーパースターの階段を駆《か》け上がり、若き主砲《しゅほう》としての地位を不動のものにしていた時期だ。シーズン打率3割を初めてクリアする3割2厘。103打点を挙げて打点王に輝き、2年連続最多勝利打点のタイトルを獲得。勝負強さを発揮し、巨人の優勝に大きく貢献《こうけん》してリーグMVPにも選ばれた。

巨人での「3割30本塁打100打点」は当時、故青田昇、長嶋茂雄、王貞治に次ぐ球団史上4人目の快挙《かいきょ》だった。

そんな原を、野球少年ならば誰もが憧れ、背中を追いかけた。

ただ、横尾にとってはあまりに偉大すぎ、遠い存在だったからこそ、身近な父親の導きもあって、ゴルフへ傾倒《けいとう》していったのかもしれない。

プロ野球選手への夢の道から脇道《わきみち》にそれていっても、それはまた一流アスリートへの道だった。そして、原をスーパースターと崇《あが》める熱い思いに変わりはなかった。

◇「気持ちの切り替え」と「ポジティブシンキング」

原さんのおかげでいろいろな経験をさせていただきました。

巨人の監督付である水沢薫さんが二軍のトレーニングコーチ時代、内海哲也投手がルーキーだった頃なので04年ですかね、ジャイアンツ球場での新人自主トレに参加させてもらったこともあります。

年齢も違う、おまけにゴルフはハードな練習はあまりやらないので、すごく疲れた記憶がありますね。

僕はトーナメントでいろいろな所に行くので、野球シーズンに入ってから試合会場のそばでゲームをやっていると「近くにいるんで行ってもいいですか?」と電話をして会ったりすることがあります。宮崎でキャンプをやっている時に、僕が宮崎に行くこともあります。

球場に行く時、僕は試合前の練習を観るのが好きなので、グランドに行くといつも原さんは「おいで、おいで」と手招きして、バッティングケージの裏に呼んでくれるのです。

優勝が決まる試合は本当は行きたいんですけど、そういう時はなるべく遠慮します。行って負けると嫌《いや》ですから（笑）。

おととしの5月だったかな。甲子園での阪神戦を観に行かせていただいて、試合後に原さんと食事をしましょう、ということになったんです。その試合がすごくいいテンポで進んでたんですけど、9回まで巨人が勝っていながら追いつかれて延長戦になって、12回表に巨人が3点取ってその裏に4点取られてサヨナラ負けしたんです。雰囲気はもちろん暗いじゃないですか。そんな中、巨人ナインの宿舎までの移動バスに乗せてもらったんです。

すごく貴重《きちょう》な経験でした。ただバスに乗るだけじゃなくて、サヨナラ負けした直後のバスに乗せてもらったわけですから。バスの中は誰1人しゃべっていなかった。僕ももちろん。甲子園から宿舎までの20分くらい、バスの中は重い空気でした。

宿舎に着いて、食事になっても、やっぱり試合の話はしづらいですよね。でも、監督は着替えて、食事をする時にはすっかりスイッチが切り替わっていました。

「なかなかこんな試合観られないよ！　そのバスに乗れたなんていい経験したじゃないか」と言ってくれました。

実はその翌日も試合を観に行って帰りのチーム専用のバスに乗せてもらったんですけど、その時は試合に勝った後だったからバスの中の雰囲気はよくて、両極端の経験をさせてもらいました。

◇スポーツの、人生の、大師匠

原さんはすごく顔が広いし、いろいろな方とお付き合いがあります。だから僕はもし誘っていただければ、自分を磨《みが》くためにも、体が空《あ》いてればどこへでも行きます。誘ってもらえるだけでもありがたいことです。

それに〝運〟もあると思います。偶然、マイケル・ジョーダンのセレブリティに一緒に行かせていただいたり、とか。

マイケル・ジョーダンがセレブリティゴルフをバハマに関係者を招待して行った大会なんですけど、原さんとの共通の知人からお誘いいただいて、偶然、原さんとご一緒できたんです。

全世界から、スポーツ選手だとバリー・ボンズとか、テニスのサンプラスとか、その他いろいろな人がバーッといました。スポーツ界の神様みたいな存在ばかりです。そこで原さんのキャディーをやらせてもらったんです。多少のアドバイスはしましたけど、その必要もないくらいうまかったです。

競技2日間の3泊ぐらいだったんですが、夢のようでした。

飛行機の席も原さんと隣同士でしたし、いろいろな話をたくさんさせていただきました。ちょっと肩を痛めていたんですが、それを話したら「それじゃ、僕の知っているトレーナーに診《み》てもらったらいいよ」と言っていただき、当時巨人にいたトレーナーの方を紹介していただきました。今でもその方にはよくしていただいています。

質問したことに対してすごく真剣に考えてくれて、こちらの予想以上に返答してくれるんです。

こんなこともありました。

「ボールを飛ばすためには何したらいいですかね？」と原さんに聞いたら、「バッティング練習をしたほうがいいよ」とアドバイスしてくれて。「キャンプにいつでもおいで」と誘ってもくれました。原さんと一緒に回ってみてわかったんですけど、常に30ヤードくらい置いていかれたかな？　ゴルフはボールが飛んだほうが絶対に有利なんです。

だから、個人としては野球のほうがすごいと思っています。

野球のボールを遠くに飛ばすのは大変でしょう。ゴルフはそんなに体が大きくなくてもできますし、要はスコアを少なくできればいいので、体力的には野球ほど必要ありません。

野球のトレーニングはハードだなと思います。だけど体を壊さない程度にやれば、絶対、ゴルフのためにもなりますね。たぶん、すべて必要なトレーニングなんだと思います。だから僕もトレーニング

であれくらいの体作りをすれば、さらにボールは飛ぶと思います。ホント野球選手の身体能力は異常ですよ！（笑）

やっぱりバットって重い、ゴルフクラブの約3倍あるんですよ。毎日野球のバットを振っている選手からすると、ゴルフクラブはおもちゃみたいなもんでしょう。

ゴルフの選手はよくバットで素振《すぶ》りをします。やるとスピードが上がります。野球選手は飛距離は出ますが、ほとんどまっすぐボールが飛ばないみたいです。〝ボールのとらえ方〟は野球とゴルフでは違うみたいですよ。

横尾プロの野球界での人脈は幅広い。中日・立浪和義、阪神・桧山進次郎、引退した元阪神・片岡篤史……。東京学館浦安高校の1歳年下でもある後輩の西武・石井一久とは家族ぐるみの付き合いだ。

横尾プロにとって野球はもう生活の一部であり、切り離すことはできない。

今年は、原監督率《ひき》いる3連覇のかかる巨人の戦いだけでなく、その原監督が二足のわらじをはくWBCがある。今からワクワク、ドキドキ。目が離せない。

ＷＢＣは前回優勝していますけど、やっぱり原さんが監督で優勝して欲しいです。だから、もちろん応援します！　今年（09年）の巨人も絶対優勝すると信じています。選手の層も厚いですしね。シーズンが始まったらほとんど観てますよ。ゴルフをやっている人間は早寝ですけど、観てしまいます。球場に観に行っちゃいます。

なんと言っても、お目当ては〝原辰徳〟ですから。だから、僕はいいお付き合いをさせていただいて、いいものを盗《ぬす》みたいし、いろいろアドバイスも受けたい。逆に、原さんが僕から得る物は何もないでしょうね（笑）。ゴルフだってうまいんですから、別に僕が何を教えるわけでもありません。

憧れます。原さんみたいな人間になりたいです。原さんくらいの年齢になった時に、ああいう人になりたい、と思っています。

原を語る中で横尾プロは何度も何度も、口にした。

「同じくらいの年齢になったとき、原さんのように、あんな男になっていたい。

かっこいい。さわやか。すごく人に気を遣《つか》える人。そうありたいですよね」。

プロゴルファーとして常にトップを走り続けていても、一流アスリートでありながらも、原に対してはファンの目線になってしまう。

プロの目から見ても、原辰徳という男は、それだけ特別で、きっと大きな存在なのだろう。

プロフィール

72年7月24日生まれ。東京都出身。東京学館浦安高校を経て、日本大学卒業。

10歳からゴルフを始め、95年のプロテストに合格。

98年の「アコム・インターナショナル」で4日間首位の完全優勝で初優勝を果たす。

その後も、99年「東海クラシック」、00年「日本プロゴルフマッチプレー選手権プロミス杯」、02年「ダンロップフェニックストーナメント」、06年「三菱ダイヤモンドカップ」と勝利を挙げている。

〈座談会2〉東海大相模高校・野球部OB

甲子園大会はスターを生む。

69年の夏の大会、甘いマスクで日本中の女性たちを魅了《みりょう》した青森・三沢高のエース太田幸司、70年の春夏出場の箕島《みのしま》高の左腕島本講平、73年春準優勝、夏優勝の広島商の左腕エース佃正樹、「怪物」といわれた作新学院の江川卓。

そして、金属バットが初めて導入された74年夏には、東海大相模高校、1年生ながら「5番・サード・原辰徳」がさわやかにデビュー。〝原フィーバー〟が全国に巻き起こった。新たな甲子園のスターが生まれた瞬間だった。

その後も75年の春と夏、76年の夏と4度甲子園大会に出場。後にプロ野球でも活躍する定岡正二、宇野勝、土屋正勝、杉村繁らと名勝負を繰り広げた。当時のチームは、原のほかにも、津末英明、綱島里志、佐藤功、村中秀人らの好選手を擁《よう》し、高校野球ファンに鮮烈な印象を残している。

取材は、東海大相模高校のOB会が行われた会場のホテルのエントランスロビー。原の2つ上のエース伊東義喜氏、原の2つ上でサードのポジションを争った五十嵐道雄氏、原と同級生である稲津一郎氏の3氏から話を伺《うかが》うことができた。

◇1年生・原辰徳

五十嵐 辰徳が東海大相模に入学を決めた時に、貢《みつぐ》監督から「おまえとは親子の関係を切る」というのが条件だったみたいで、辰徳も納得しての入部だったようです。

伊東 まして辰徳は中学の時に足首を複雑骨折してましたから、貢監督は東海大相模では使い物にならないと思っていたようです。

稲津 辰は同い歳には見えませんでした。話には聞いていたんですけど、最初「先輩なんじゃない

左から伊東氏、稲津氏、五十嵐氏（2008年11月30日）

か?」と思いました。体つきが1年生にしてはしっかりしていて、野球はもちろんスポーツは何をやってもうまいんだろうなという印象を持ちました。

僕らも身長はあったんですけど、全体的に筋肉がまだつききっていなかったんです。体に幅《はば》がありました。辰は中学までピッチャーをやっていて、堀越高校との練習試合で投げたことあります。コントロールは抜群でした。


伊東　守備は本当ヘタクソでしたよ。だけど打撃は3年生にも負けないくらいすごかった。

入部して1か月くらいの時にシート打撃を試合形式でやったんです。僕は当時エースで、「アウトコース低めに直球を投げるよ」と予《あらかじ》め伝えて投げました。今までヒットしか打たれたことがなかったのに、辰徳は楽々バックスクリーンオーバーですよ。鳥肌《とりはだ》が立ちました。みんなそれを見た瞬間「原辰徳をレギュラーで使おう」と認めちゃいました。貢監督が守備と打撃のどちらを重視するかといったら打撃なんです。彼の同級生の津末は飛距離の出るバッティングのいい選手だったんですけど、辰徳は本当にすごかった。

インコース高め以外は少しでもコースが甘くなったらスタンドに持っていって

しまうあの打撃は今でも忘れられません。甲子園でも彼に打たれたのと同じ球を何球も投げたんですけど、まったく打たれませんでした。

稲津　みんなうまかったので、僕はついていくのに必死でした。逆に辰は上級生と変わらないくらい無難《ぶなん》に練習をこなしてましたよ。

五十嵐　先輩が辰徳をいじめるとか殴《なぐ》るということはなかったですね。殴るのは、ひたすら親父の貢監督でした。

伊東　練習の時、辰徳がエラーして、監督が「グラブ外せ！　素手《すで》で取れ!!」と言ったんです。普通だったら素手だからノックの打球を緩《ゆる》めるじゃないですか。普通の打球を打つんですよ！　捕れないと「1歩前に出ろ！」と言って、しまいにはホームとサードの半分くらいの4、5メートルの距離まで来て、ライナーを

原貢監督と辰徳（1976年8月1日 県大会）

胸に当てて上から球を手で押さえつけて捕っていました。それでやっと「グラブをつけていい！」と言われたんですけどね。泣いてましたもん。

◇寮生活

稲津　練習の厳しさもそうですが、規律の厳しさもありました。1年生の時は、掃除当番があって、食事当番があって、風呂当番があって……。僕たちは朝掃除が全部終わってやっと食事の支度《したく》をしていました。お風呂にしても一番最後に入ってました。

五十嵐　貢さんの一番の厳しさは野球に関しては当然ですけど、私生活においてもそうでした。

伊藤　草むしりをさぼっただけでもボコボコにされてましたよ。1年生から3年生まで一緒にやってました。

稲津　僕らが3年の時は便所掃除してました。

五十嵐　貢さんの方針は「グランドに出たら横一線」のレベルなんです。

伊東　グランドでは上下の関係はあまりなく、逆に野球を離れた寮の中では先輩後輩はありました。でも、寮での生活は楽しかったですよ。僕らが1年の時は厳しいと思ってたけど、3年になった時は1年と3年って結構仲良かったです。

五十嵐　僕らは練習中、水も飲めない時代でした。水溜《みずたま》りの水がパラダイスに見えました。本当に水溜まりの水を飲んでいましたよ。

伊東　当時監督に「コーラ禁止」と言われていたんですよ。ところが練習終わりに近所の「佐藤牛乳」という店に行くと、おばちゃんがコーラを飲ませてくれるんです。見えないようにどんぶりにコーラをあけてくれて「ハイ」って。

辰徳は炭酸が苦手で、コーラはあまり飲まなかったかな。でも、夏の大会の公式戦の時、ベンチに辰徳のクーラーボックスがあって、中を

原貢監督と東海大相模ナイン（1978年8月14日 県大会）

覗《のぞ》いたら、オロナミンCがいっぱい入ってたんですよ。水も炭酸もだめだったのに「こんなの飲んでいいの？」とびっくりしました。

◇憧れの人「渡辺良」

伊東　僕の2つ上の先輩、辰徳の4つ上に渡辺良という方がいたんですが、野球の神様みたいな人で、中学も高校も大学も社会人もすべて日本一になっているんです。24歳の若さで他界してしまったんですけど、辰徳のことをものすごく可愛がっていました。

渡辺さんも辰徳みたいに優しくて決して怒らなかったんです。先輩にも後輩にも慕《した》われていました。

原貢監督と辰徳（1976年8月15日 甲子園球場）

辰徳には「自分もあの人みたいになりたい」という思いがきっとあったのでしょう。2人とも表向きは華やかに見えても陰《かげ》でしっかり練習をしていました。

渡辺良が東海大相模高校の野球部へ入部した時、原はまだ小学生だった。その頃から渡辺良は原家と家族ぐるみの付き合いをする。

小学生の原は、一挙手一投足《いっきょしゅいっとうそく》、野球に対して純粋に真面目に取り組んでいる渡辺良の影響を受けたという。

「野球の神様って絶対いると思いますよ」と伊東氏は語る。「2人とも野球の素質はありました。しかし、渡辺さんも辰徳も人より2倍3倍しっかり練習やっていたから、自分に跳《は》ね返ってきたんです」と続ける。

原辰徳の甲子園大会は通算52打数20安打、打率3割8分5厘という成績。高校通算本塁打は43本。75年の春の甲子園大会では決勝戦まで勝ち進み、延長の末、高知高に敗れたものの、準優勝という成績をおさめている。

その後、原辰徳も渡辺良同様、東海大学に進学し、〝原フィーバー〟は甲子園球場から神宮球場へ引き継がれることになる。

岩井美樹

「タッ、フェンスの後ろは引退しかないぞ」

「原」の名前が全国に知れ渡ったのは、65年。第47回全国高等学校野球選手権大会で、原辰徳の実父である原貢《みつぐ》監督率《ひき》いる福岡・三池工業高校が初出場初優勝を飾《かざ》った。

その時の決勝戦の相手が、故斎藤一之監督率いる銚子商高。現国際武道大野球部監督の岩井美樹《よしき》氏は、その銚子商の斎藤監督のもとで3年間を過ごし、鍛《きた》え抜かれた。岩井にとっても甲子園での思い出は深く刻《きざ》まれている。

73年8月16日、夏。

三池工の全国制覇から8年後の第55回大会で、岩井は銚子商の3年生として甲子園の土を踏んだ。強力・黒潮打線と呼ばれた中で「6番・ファースト」に名を連《つら》ね、2回戦では怪物といわれた江川卓を擁《よう》する栃木・作新学院高校と激突。延長12回の死闘を1対0のサヨナラ勝ちで制し、ベスト8にまで勝ち進んだ。岩井の2歳下には篠塚和典（現巨人コーチ）がいた。

高校卒業後、東海大学に進学。4年生の時の77年、東海大相模高校で超高校級スラッガーとして騒《さわ》がれた原が入学してきた。2人の友情は、それから始まった。

年齢が3歳違うとはいえ、お互いを高めあい、尊敬しあい、認めあった。

原とともに、原貢が東海大野球部の監督として着任した。

厳格《げんかく》そうな指揮官に初めて会った時のことを、岩井はよく覚えている。「おまえは俺が破った銚子商業出身か」と。

当時は3番・原、4番・石井昭男（現中日スカウト）、5番・岩井という強力クリーンアップを組み、他大学を圧倒した。

大学卒業後、母校の銚子商高に戻り、教師として1年8か月、後輩たちを指導。

しかし、ある時、原貢が「（東海大学に）帰ってこい」と訪ねてきて、当時の東海大学・松前重義総長にも口説《くど》かれ、原貢監督の後任として81年から88年まで、東海大学の監督を務めた。

原家とは切っても切れない関係にある。

◇だれよりも父から殴られていた息子

辰徳が1年の時に僕は4年で、その後は助監督をやっていました。彼が入ってきてびっくりしたのは、礼儀正しかったことです。チャラチャラしてない、浮かれていない。あの時は、津末、村中と高校時代騒がれた選手も入ってきましたが、すんなりチームに溶け込んでいました。

理由は簡単です。だれよりも辰徳は殴《なぐ》られた選手ですから。父親である貢さんの、監督としての〝愛のムチ〟なんだけど、ボコボコにされていました。後から聞いた話ですが、彼も当時は「1日いかに監督に殴られないようにするか」を起きてからまず考えていたというんですね。

あれだけ上級生の前で監督が1年生のわが子を殴ったら、僕らは何も言えないですよ。「かわいそうに」とメシに連れて行ったりしました。

監督があれだけやると上級生はいじめられないですよ。ある意味じゃ2年3年に対しての監督の強烈なアピールでしたよね。わが子にそこまでやるんだから、

辰徳が放った全日本大学野球選手権史上初の
３打席連続本塁打の１本目（1980年6月10日）

自分たちだったらもっとやられるんじゃないかと思ってがんばるでしょ。僕もボコボコにされましたけど（笑）。

僕は「背番号3」だったんですけど、辰徳は「3」が好きなんで「3」と入ったバットを使いたがった。

アンダーパンツは僕が辰徳の背番号の「5」をはいて、辰徳は僕の「3」をはいていました。それを貢さんに見つかって、「貴様！　俺が決めた背番号をなんじゃっ！」と怒《ど》鳴《な》られて、辰徳は監督室でボコボコにされていました。貢監督にはある基準があるようで、試合に使いたい奴《やつ》を殴っていました。殴られている選手を「あいつかわいそうだな」と思っているやつらは、逆にかわいそうに見えました。殴られない選手は試合に出られないんだから。

まるで、野球劇画『巨人の星』の主人公、星飛雄馬と父・一徹のような関係だ。劇画の世界では、息子に手を挙げながら野球を厳しく教える父を、飛雄馬の姉が泣きながら止めに入り、2人を木の陰から心配して見守る姿が描かれているが、そんな姉の立場が、辰徳の実母・勝代さんだった。

「なぜ辰徳を殴るの！　私の息子なのに」

「辰徳は俺の選手だ！」

そんなやり取りが家庭の中で激しく飛び交った。それでも、父親は息子に深い愛情を抱《いだ》き、妻に対しても気遣《きづか》いを忘れたことはなかった。辰徳が東海大相模高に通っていた時、練習が休みの日には、貢はどこかで時間を潰《つぶ》して、夕方まで家には帰らなかった。厳格な監督が家にいると辰徳が帰ってこないからだった。息子が家に帰りやすいように、少しでも気が休まるようにと、監督としてではなく父として子を思い、妻が作る親子との時間もまた、尊重した。

辰徳が巨人入団が決まった後、貢は岩井に漏《も》らしている。「岩井よ、7年間はきつかった」と。高校、大学の7年間、他人のふりをし続け、監督としての立場をまっとうした父親の姿を見て、岩井は「実際、かわいいわが子というのを忘れていましたからね。すごい父子鷹《おやこだか》ですよ」と、今でも思っている。

◇運命の日、父子は人知れず泣いていた

80年、ドラフト会議で巨人の当時監督、故藤田元司がクジを引き当て、原の巨人入りが決まった。当日、岩井氏は報道陣のために、食堂に150足のスリッパを用意したが、まったく足りなかった。

辰徳、貢監督、そして岩井の3人は監督室にこもり、テレビの前で運命の瞬間を見守った。あえて、テレビカメラの前で、その瞬間を見届《みとど》けなかったのには、ワケがあった。

巨人が必ず引いてくれる、と信じながら、その時に、感情的な喜びの顔を見せたら、クジを外してしまった球団に申しわけない。巨人以外の他球団が引き当てたとしても、落胆《らくたん》の表情を見せたら同じ理由で失礼にあたる。これからスタートするプロ野球人生の第1歩として、息子が順風満帆《じゅんぷうまんぱん》に歩んでいくためにも、ここで感情的な表情は見せないほうがいい、という貢監督の考えであり、親心でもあった。

運命の瞬間は来た。藤田監督が笑顔を浮かべた時、3人は3人とも、とめどもなく流れ落ちる涙を抑《おさ》えることができなかった。

その日、辰徳は朝3時に起きて、シャワーを浴び、神奈川・伊勢原にある大山神社に祈願に行っていた。そこは、東海大学が毎年1月、1年の必勝祈願に行く場所だった。

やっぱりドラフトの時のイメージは強烈でした。あの時、貢監督と辰徳は〝父子〟になっていた。

ドラフトで巨人に指名された時は、何を勘違《かんちが》いしたのか、貢さんは僕に「ありがとうございます」と言っていた。泣いていましたね。〝監督〟ではなくて、すっかり〝父親〟の顔でした。

ユニフォーム姿が岩井助監督、右が原貢監督、一人はさんで
学生服姿が辰徳（1980年11月26日ドラフト当日の東海大で）

長年付き合っていますけど、あの時ほど「この2人は父子なんだ」と、感じたことはありませんでした。

辰徳は、本当は「巨人以外は行かない」と決めていました。だから、自分に言い聞かすように「巨人が引きます！」と。「強い意志でドラフトを待てばいいんです、岩井さん！」と言われましたよ。

巨人に決まって10分以上も3人で泣いて、それから報道陣が待つ食堂でどう接しようか、気持ちを落ち着かせてから会見場に向かいました。

◇藤田のオヤジが遺したもの

岩井にとって、自分の人生は、原親子との出会いで大きく変わった。

東海大学の野球部監督を引き継ぎ、ある時、法政大学戦を終え、神宮球場にいた時のこと。貢からの電話で「（試合に）負けた監督がいつまでいるんだ、すぐに俺の家に来い！」と言われ、慌《あわ》てて向かったら、そこに、故藤田元司の娘がいたという。その後、彼女が岩井の生涯の伴侶《はんりょ》になるとは、この時はもちろん、思ってもみなかった。

だから、岩井にとって故藤田元司は義理の父に当たることになる。しかし、藤田にとって、息子というのは、岩井だけじゃなく、辰徳もまたそうだった。


辰徳の選手としての晩年は、怪我《けが》が多かった。そんなある日、藤田のオヤジが「外野に回したほうがいいかと考えているんだが」と言っていました。「将来、監督になった時に、外野手の気持ちもわからないといけない。外野手はベンチから遠い。内野が後ろから見えるんだ。これからそういうのを経験するのもいい」と。

本職のサードだけでなく、ファースト、そして、レフトも守った。あの時、辰徳は「いずれ内野に戻れるな」という目をしていたから、藤田のオヤジが聞いたんです。「タツ、外野の後ろは何だかわかるか?」と。そしたら辰徳が「フェンスです」と答えたものだから、オヤジは「フェンスの後ろは引退しかないぞ」と返した。本人の顔が変わった、と言っていました。

藤田のオヤジは、将来、辰徳が巨人の監督をすることを想定しながら指導していました。怪我をしたことを口実に、外野を経験させて。将来、監督として失敗して欲しくなかったからでしょう。

巨人の監督として原は就任1年目から日本一を成し遂《と》げ、2年間で一度、退《しりぞ》きながらも再びチームの指揮を執《と》り、連覇《れんぱ》を果たした。監督5シーズンでリーグ優勝3回。球史に名前を刻《きざ》むであろう大監督としての道を確実に歩み、そして09年はWBCの監督も務める。新たに「世界一」の称号を目指し、国際舞台に羽ばたこうとしている。

僕が、第3回世界大学野球選手権大会の日本代表監督をやった時、開催場所がキューバだったんですけど、ホテルのエアコンは止められ、シャワーは出ない、ホテルからは一番遠い球場を指定され、球場までの送迎バスは遅刻する、などなど。嫌《いや》がらせのたぐいは枚挙《まいきょ》にいとまがなかった。〝ボールがストライク、ストライクがボール〟の世界なんですよ。

しかし、国際大会というものはこんなものです。

辰徳はこういうことを、すべてわかっていますよ。彼は大学時代に日米野球に参加していますからね。監督が国際大会を経験しているというのは、今回が初めて。王さんは経験していませんし、星野さんも野村さんも長嶋さんもそう。高校も含め、大学と世界大会を経験した人間が今回、ＷＢＣの監督になった。

よく学生に言うんですけど、「日本人が刀を置いて何を持ったかわかるか？バットを持ったんだよ」と。刀を明治時代まで持って、何を子供たちが持ったか、と言ったらバットなんです。だから、野球は日本の国技に近い感じになった。刀の代わりにバットを持った侍ジャパン、期待しようじゃありませんか！

◇国際武道大学での講義

岩井は現在、国際武道大学で野球部監督を務める一方で、体育学部の教授でもある。彼のオファーにより、毎年1月、原辰徳は国際武道大学で臨時講師を務めている。恒例《こうれい》の特別授業も今年で5年目を迎え、生徒には好評で、教室はいつも満員だ。

最初の頃はすごく気を遣《つか》っていて、「去年とテーマを変えてください」と言ってきていたんです。でも、受講生は毎年3年生で変わるんだから、同じテーマでも大丈夫、と教えてあげたら「教員は意外と楽なんですね」だって（笑）。

今回はWBCで注目されていたから、そのことも話をしていました。途中で僕が質問を挟《はさ》むんですが、辰徳にはそれがプレッシャーみたい。「事前の打ち合わせがない」とこぼしているから。ただ、事前の打ち合わせをすると、あらかじめ話す言葉を考えちゃう。それじゃダメ。

授業中に僕が質問をすると、彼の目が動くんです。脳が定まってないから、もう1回、同じ質問をゆっくりする。すると、眼球も脳もしっかり定まって、ちゃんと質問に答えられるようになる。

都内のホテルにて（2009年1月16日）

そうした時に出てくる言葉が本当にいい言葉なんです。作った言葉じゃダメ。辰徳は大学教授もできるんじゃないかな。スポーツ経営学の話ならできるかもしれません。

言葉がなくても、わかりあえる。お互いがお互いを知り尽《つ》くしている。高めあい、刺激しあい、尊敬しあう関係は、もうかれこれ30年以上の付き合いになっても、まったく変わらない。

岩井と原の家族ぐるみでの付き合いは、これからもずっと続いていく。

長い遠征が続く前には中華を食べに行ったりしますね、お互いの家族で。辰徳が遠征の時は、奥様の明子さんとうちの女房が、お互い旦那《だんな》の悪口を言って盛り上がっているみたいですよ（笑）。ウチの息子と辰徳の息子も先輩後輩の間柄です。

辰徳はワインもそうですけど、日本酒も好きで、この間、我が家に来た時に「獺祭《だっさい》」という銘柄を飲んだんですけど、2本空《あ》けちゃいましたね。翌朝、お土産《みやげ》と言って渡したら「やった！」と喜んでいました。貢さんもお酒は強かったですね。

この前、貢さんと飲んだ時に「俺は自分からどんどん言ったり殴ったりするけど、辰徳は向こうが何もやってこなかったら、自分でアレンジしちゃうもんな」と言っていました。「人に不愉快《ふゆかい》な思いをさせないようにしている息子だ」と自分で分析していました。

そんな息子が、今、監督として、自分の息子と同世代の選手を抱《かか》えるようになった。ここに、「監督・原辰徳」がさらに大きく成長するターニングポイントがある、と岩井は言う。

◇指導者のターニングポイント

最近の若い野球選手は昔とはだいぶ性格的に変わってきている。今の子は「無駄《むだ》なことをやって何かいいことあるんですか」と言う。無駄というのは、みんなとメシを喰《く》ったりすること。無駄ができない人生はつまらないですよ。「みんなで鍋をつつく」とか「みんなで飲みに行く」とか。そういう無駄から人脈を作って〝心の富〟が形成されるんです。

「指導者が変わるポイント」というのは〝わが子と同年代の選手と出会った時〟です。ひと皮むけた指導者としての原辰徳の転換期です。

それまでは、バカヤローだなんだってやってられるけど、ある時、若い選手が入団してきて、ふと気づく。息子と同年代なんだ、と。気づいた瞬間、指導法が少し変わります。わが子と比べて全然しっかりしているな、と思うと叱《しか》れなくなります。

今の辰徳には、それが坂本勇人なんです。坂本は辰徳の子供と同級生なんですよ。今後、辰徳は坂本より年下の選手を見ると息子とダブるはずです。ちょっと注目して見てみたい。

今後は、他球団から選手を補強するのではなく、チームで選手を育成したい、と言っていました。強化と育成を一緒にやります、と。確かに生《は》え抜《ぬ》きが育ってきたから、やっと自分らしい野球が出来始めたんじゃないですか。1年目2年目は球団指導の補強でしたから。

藤田のオヤジが駒田（背番号50）、吉村（55）、槙原（54）の〝50番トリオ〟を抜擢《ばってき》して、一軍に引き上げたじゃないですか。そういうことをしたいんじゃないかな。

だから、これからの辰徳が、さらに僕にとっては興味深いですね。

プロフィール

55年4月4日生まれ。千葉県出身。

銚子商業高校から東海大学へ。

81年から88年まで、東海大学野球部の監督として、リーグ優勝8回・日本一2回を経験。

翌年89年からは現在の国際武道大学野球部監督に就任し、リーグ優勝27回を誇る名監督。

東海大学、国際武道大学リーグ戦通算５０７勝１３１敗。

坂本勇人

一流になるための序章

球史に残る13ゲーム差をひっくり返し、原ジャイアンツは08年、リーグ優勝を飾った。

巨人は確かに生まれ変わった。89年、90年以来の連覇《れんぱ》は、常勝軍団の再生、黄金時代の再来をファンに印象づけた。

そんな新生巨人の象徴《しょうちょう》となった1人が、原監督の秘蔵《ひぞう》っ子、坂本勇人だ。プロ2年目、19歳にしてショートのレギュラーポジションを奪《うば》った若武者に、原監督は自ら打撃指導を行い、次世代のスター候補としてマンツーマンで英才教育を施《ほどこ》してきた。

この男、と見込んだ逸材《いつざい》は、徹底的にしごき上げ、同時に一流選手として身につけるべきエキスをとことん注入《ちゅうにゅう》していく。そして、チャンスを与える。失敗しても決してとがめることはしない。前のめりに倒れていく者には、必ず背後から、そっと手を差し伸べる。ただし、敵前逃亡する者、闘志なき者に対しては、チャンスを2度は与えない。

それが原監督の信念であり、育成術でもある。

坂本は、そんな原監督の厳しくも愛情深き親心を全身で感じ取り、受け止め、それを励《はげ》みに、成長という名の階段を全速力で、駆《か》け上がった。

◇失敗を恐れるな！

チャンスを逃《のが》さなかった。

1年目の07年9月6日、ナゴヤドームでの中日戦。天王山となった3連戦、巨人も中日もともに譲《ゆず》らず、1勝1敗で迎えた3戦目。1対1のまま延長12回にもつれ込み、2死満塁となった最高の場面で、弱冠《じゃっかん》18歳の高卒ルーキーは、一躍脚光を浴びることになった。

「代打・坂本」のコール。彼にとって、プロの世界に入って、まだわずか3回目の打席だった。

あの時、監督には「思い切って行けっ！」とおしりをバシッと叩《たた》かれました。決勝タイムリーになり、ベンチに戻ってきた時の雰囲気はとても盛り上がっていて、監督には「よくやった！」と褒《ほ》められました。

5時間15分の死闘《しとう》を制する値千金《あたいせんきん》の決勝打を放ち、坂本はスターの道を確実に歩み始めた。

そのシーズンのオフ、彼に待っていたのは原監督のさらなる熱血指導だった。「可能性は計り知れない。こぢんまりとまとまってほしくない。スケールの大きな打者になってもらいたいね」と期待をかけられた坂本も、それに応《こた》えようと1日1000スイング以上もバットを振った。

流した汗の分だけ、成長への糧《かて》になった。

そして、08年。坂本は高卒2年目、10代にして開幕スタメンに名前を連ねることになる。

3月28日、神宮球場でのヤクルト戦。「8番・セカンド」に、その名前はあった。

前日の神宮練習で、監督室に、1人呼ばれて、言われました「スタメンで行くから。思い切って、失敗を恐れずにプレーしろ！　おまえが力ずくで勝ち取ったポジションなんだから」と。うれしかったですよ。とくに「失敗を恐れずに」という言葉は、「よし、やってやるぞ！」という気持ちになりました。

その後も、調子の悪い時は「バッティング練習するか」と監督から声をかけていただき、試合中でも「失敗してもいいから思い切って行

坂本にトスを上げる原監督（2008年6月14日 Kスタ宮城）

け！」と勇気づけてくれました。

調子の悪い時は声をかけてくれるし、悪くなりかけてきたらバッティング練習に立ち会ってくれるし、僕の状態をすごく見てくれている。本当に感謝しています。

将来、絶対に巨人の中心選手になって、野球界全体でも一流の選手になって、監督に「あの時があったから、今のおまえがあるんだ」と思ってもらえるような選手にならないといけませんね。ミスしても試合に使い続けてくれたし。

巨人での10代開幕スタメンは、あの松井秀喜以来の快挙《かいきょ》。しかも、高卒2年目での全試合スタメン出場は、セ・リーグの打者としては史上初。球史をさかのぼっても、中西太、清原和博しか成し遂げていない史上3人目の偉業《いぎょう》でもあった。

◇「あのシーン」を知らない世代

兵庫・伊丹《いたみ》市に生まれた。小学1年生の時から地元の野球チームで白球を追い始め、高校進学の際、野球留学するために親元を離れ、青森・光星学院高に進んだ。

一時はホームシックにかかり、野球を辞めようと思ったこともあった。道を踏み外しそうになったこともある。

しかし、周りのよき友人や野球部のチームメートらに支えられ、思春期の壁を乗り越えた。気がつけば、精神的にたくましく鍛《きた》えられ、強くなっていた。

それが大きかった。

プロに入り、原監督からの期待をプレッシャーと感じることなく、むしろチャンスとしてとらえ、前のめりに野球に打ち込む姿勢は、原監督の育成術にもはまる形になった。

少年時代あこがれた選手は、とくにいないんですよ。野球はやってましたけど、テレビや球場ではほとんど観てなかったですから。プロになってからあこがれた選手は、西武の中島（裕之）さんや日本ハムの二岡（智宏）さんです。同じショートですからね。

最初に原監督にお会いしたのは、入団会見の時なんですが、第一印象は明るい人だと思いました。うちの父は篠塚コーチと同い年なので、原監督の1つ上。父と比べると〝若いな！〟と思いました。とても50歳には見えないですよ。高校の時の監督も怖かったですが、原監督も試合の時は真剣勝負なので、近づき難さというのも若干《じゃっかん》あります。野球に関しての相談は、コーチには聞けますけど、監督には直接なかなか……。そういうところはあると思います。ましてやプライベートのことを僕から話すことはないですね。

　坂本が生まれた88年、原監督はプロ8年目のシーズンを送り、4年連続で30本塁打以上をマークするなど、まさにプレーヤーとして絶頂期《ぜっちょうき》にあった。しかし、その勇姿《ゆうし》を、坂本はもちろん、直接は知らない。巨人の「不動の4番」として活躍した時期を、そして、不調で苦悩する姿を、実際には見たことがない。もちろん、あのシーンもだ。

92年7月5日、神宮球場でのヤクルト戦。

2点ビハインドで迎えた9回1死走者なし。3番・岡崎が目の前で敬遠され、屈辱《くつじょく》の打席に入った4番・原が、起死回生の同点弾を放ち、神宮の夜空に向かって鬼の形相でバットを放り投げた、あの時。まだ3歳だった坂本にとって、やはり「原辰徳」という存在は、あのシーンをリアルタイムで見て胸を熱くした熱狂的なファンとは違い、絶対的なヒーローというよりも、どこか遠くに感じてしまうのは、仕方のないことなのかもしれない。

でも、ユニフォームを脱いだ時の監督はすごく親しみやすいですよ。監督という立場を監督のほうから外してくれている。いい兄貴分という感じですね。プライベートの時は、野球以外にも社会のことも教えてくれます。言えないような話も、いろいろとたくさん(笑)。

◇一流のメシを喰え!

坂本のように親子ほどにも年の離れた選手を、原監督はよく遠征先で食事に誘う。「若い奴らは、僕が連れてきてやらないと、なかなか外食できないでしょ?だから、こうやって、うまいものを食べさせてやるんだよ」。そう理由を話す。

先輩などの手前、なかなか外出しにくい若手であっても、監督が連れ出すなら、試合後でも堂々と外出することができる。そうしたちょっとした気《き》遣《づか》いは、若い選手がグランドで思い切って力を発揮するための環境づくりの1つでもある。

広島での遠征の時、坂本は原監督に高級料亭に連れて行ってもらったことがある。そこのお店は、四季の旬魚がいけすで泳ぎ回り、コの字形になっているカウンター席で食事をするような場所だった。「勇人、こんな魚、食べたことないだろう?」と原監督に声をかけられながら、坂本の目の前に「のどぐろの塩焼き」が運ばれてきた。「これ、高級な魚なんですか?」と目をパチクリさせながら、のどぐろが赤ムツの仲間とは知らず、ムツとモツを間違えて、思わず「へ～、モツなんだ」と周囲の笑いを誘った。

その食事の時、原監督から言われたことを、坂本は心のノートにしっかりと書き留めた。

あの時、監督からは「一流の選手は一流の物を食べろ!」と言われました。「行く店も、食べるものも、着るものだってそうだ。一流の行動をすることが大事だぞ」って。今でも忘れられません。それから、ご飯を食べに行く時はできるだけいい店に行くように努力しています。

坂本に注入された一流プレーヤーとしての英才エキス。その育成は、まだ道半《なか》ばにある。真価《しんか》が問われるのは、3年目のシーズンだ。

全試合スタメンで出場した08年は、これからの野球人生に、本当に土台になった年だと思います。１４４試合全部スタメンで使ってくれたという、この先こういうことってないかもしれないじゃないですか。10年プロでやっていても、こういう経験をできない選手もたくさんいるのに。

08年の経験をこの先、絶対に活かしていかないといけませんね。

プロフィール

88年12月14日生まれ。兵庫県出身。
06年高校生ドラフト1巡目で巨人に入団。
07年7月12日、対阪神戦で代走として初出場。
同年9月6日、対中日戦で初打席初安打初打点を記録。
08年、シーズン全試合スタメン出場を果たす。

徳光和夫

彼はまるで永遠の太陽、僕の道しるべ

テレビ業界きっての熱烈巨人党で〝タツノリ・フリーク〟と言えば、この人の右に出る者はいない。

元日本テレビアナウンサーの徳光和夫は、父親もまた日本テレビの役員にまで上り詰《つ》めた人物。

人間が「何か」を持って生まれ、それを「宿命《しゅくめい》」という言葉で置き換えるとするならば、徳光が人気アナとし日テレで活躍したのも、うなずけるというものだ。

そして、きっと原辰徳にも、同じような「何か」があって、「使命」を担《にな》ってこの世に生を受けたのだろう、と徳光はいつも思っている。

◇祖先が相当いいことをした、としか思えない男

彼が高校1年生の時に甲子園に登場したときは、「原辰徳」というよりは、65年に夏の甲子園で福岡県代表、三池工業高校を初出場初優勝させた監督、原貢《みつぐ》さんの息子、というイメージが強かった。その彼が、父の偉業から9年後、東海大相模高校で4番・津末英明（日本ハム―巨人、現巨人球団職員）、3番・原という形でクリーンアップを組んで出てきました。

高校時代の印象はとにかく痛烈《つうれつ》でした。〝太陽〟という感じでしたよ。「こんなに容姿《ようし》と才能に恵《めぐ》まれていいのか」と思いました。運命論で言えば、祖先が相当いいことをしない限り、これだけ恵まれて育った人は出てこないだろうと。

彼が東海大学1年の時に、原辰徳は巨人に入るべくして入る選手だろう、と思った。これは相当な球団が指名するな、と。だから、彼が大学に行ってあまり目立たないことを祈っていました。

原辰徳のことを他の球団にあまり知られたくなかったので、東海大学に入った時は本当にうれしかった。東京六大学ほど記事にならないから（笑）。よほど活躍しない限りは「東海大学の原辰徳」でそんなに記事になることはないと思いましたからね。絶対、巨人に入団する、と確信しました。

原が東海大学で活躍し、「長嶋茂雄の再来」と騒《さわ》がれだした3年生時の79年、すでに日テレ系「紅白歌のベストテン」の総合司会で人気を集めていた徳光は「ズームイン!!朝！」の司会も始め、同局の看板アナとしての地位を築いていた。そんな人気者が、当時、多忙な時間をぬってはブラウン管から飛び出して東海大学の試合に駆《か》けつけ、原のプレーに一喜《いっき》一憂《いちゆう》した。

当時の東海大学にはいい選手がたくさんいましたが、原辰徳というのはずば抜けてオーラが出ているな、と思いました。オーラは投手より打者にあるじゃないですか。僕の中では長嶋、清原に続いて原辰徳は3番目の持ち主。オーラというのは、つまり、可能性を秘めているというか、チャンスが回ってきた時に出ると思うんです。それで答えをきちんと出してくれる、という、辰ちゃんにはそういうところがありました。

近鉄との日本シリーズで絶不調だった時に打った満塁ホームランや引退試合で打ったホームランとか、そういうのは長嶋さんも同じでした。ミスターは引退試合がダブルヘッダーで、ホームランも打ったけれど最後の打席はダブルプレー。原辰徳は〝バットマン〟としては長嶋さんと同じような人生を歩んでいるなと思いました。

ハラハラ、ドキドキ。挙《あ》げだしたら切りがない、心に刻《きざ》まれた原辰徳の印象プレーの数々。

徳光が真っ先に上げた89年、巨人対近鉄の日本シリーズ。それはそれは劇的なものだった。3連敗を喫《きっ》してあっという間に王手をかけられ、あげく、当時近鉄の投手、加藤に、そのシーズンのパ・リーグ最下位チームを引き合いに「巨人はロッテより弱い」と揶揄《やゆ》される始末だった。

しかし、これで巨人が奮起《ふんき》。第4戦を取り、そして第5戦。それまでなんと18

打席ノーヒットと大ブレーキだった原が、うっぷんをすべて晴らすかのようなグランドスラムを吉井から放ち、3連敗からの4連勝という、チームのミラクル日本一へ、確かな流れを作った。

◇ミスターの遺伝子を持つ男

〝ここぞ〟という時にファンを喜ばせてくれます。

あの時もそうでした。92年7月5日、9回表にヤクルトの伊東昭光から同点ホームランを打ってバットを思いっきり後ろに放り投げた神宮球場での試合。あんな辰ちゃんを見たのは初めて。ああいうふうに気持ちを絶対表に出さない選手だと思っていましたから。

心にグッと来るものがありました。あんな表情の原辰徳は後にも先にも見たことない。「どんなもんだい！」と言っているようで、歌舞伎《かぶき》でいう〝大みえ〟を見ました。長嶋さんはよくみえを切っていた人なんだけど、辰ちゃんはあまり切らなかったから。あれはきっとお父さんの教育で、「打たれた投手の気持ちを考えろ」ということだったんだろうな。

長嶋さんと辰ちゃんは似《に》ているところがあると言われるけど、一番違うのは、辰ちゃんは少年時代から恵まれていたこと。それから本当にいい指導者がいたということですね。ミスターはそういうところは自分で切り拓《ひら》いていきましたから。最近だと、プロゴルフ界のタイガー・ウッズのマネをすると体がぶっ壊れると言うけれど、ミスターのマネをしたプロ野球選手は大成しないと思う、独自のスタイルだから。でも、原辰徳のマネをした選手は大成するんじゃないかな。ちゃんとした指導者に教わったスタイルだから。

なにより辰ちゃんのいいのは〝聞く耳を持っている〟というところ。それが人間的な魅力ですよ。ちゃんと聞いて、それを覚えていて後で約束を守ってくれたりします。たとえば、辰ちゃんのオフのスケジュールを聞くと、本当に忙しいでしょ。そういった中で、

ゴルフコンペで（2008年12月1日）

前に言っておいたゴルフの約束を、きちんと向こうから連絡をしてきてくれて、「今回はこういう選手やコーチが参加します」と教えてくれるんですよ。よくぞ覚えてくれていたな、と。うれしいですよね。

聞く耳を持っているだけでなく、その場の空気をきちんと読んで、幅《はば》広い年代、どんな年齢層の人に対しても、しっかりと立ち振る舞える。他人《ひと》への気遣《きづか》いは、絶対に忘れない。

話題も豊富。徳光は入社2年目から10年間近く、プロレス中継の実況アナウンサー、リポーターを担当していた時期があるが、そんな異分野スポーツの話にも身を乗り出して耳を傾けてくる。懐《ふところ》の深さがあるだけでなく、持っている「引き出し」というものが数え切れない。

だから、原という男に一度でも会ったことのある人は、あっという間に魅了《みりょう》されるのだ。徳光は、そういった人としての魅力が、たとえば、「カラオケのＴＰＯ」として表れる、と話す。

赤坂の料亭で飲んだりした時のことなんだけどね。流しのバンドさんが来て何でも演奏してくれるんですけど、我々みたいな60代後半くらいの人間が一緒だと、辰ちゃんはその年代に合わせて「加山雄三」を歌ったり、また、彼の時代の「谷村新司」とかを歌ったりして、そういう曲を普段から覚えているんだなあ、とびっくりします。もしかしたら、若い選手の集まりの時は「EXILE《エグザイル》」を歌うんじゃないかな（笑）。そういう人生に対して〝何事もチャレンジである〟という真摯《しんし》な取り組み方をするその姿勢は、本当にすばらしい。

それから、プロレスの話。びっくりですよ。結構マニアックな話をすると、喜ぶんですよね。僕が忘れちゃったような選手も辰ちゃんは知っている。

僕がプロレス中継をやっていたというのも知っているから敬意を表してくれるんだけど。きっと、今の格闘技も好きなんだろうね。

彼には観察力というか、試合への思い入れというか、つぶさに〝あの時あのアナウンサーはこう言っていた〟というのが出てくるから。マニアックというか、凝《こ》り性《しょう》なんだね。犬に凝ったり、車に凝ったり、ワインに凝ったりしているから。犬の話は本当によく知っているしね。孫娘にプレゼントする時には、辰ちゃんに聞いてみようかな（笑）。

◇演歌の精神を身につけて帰ってきた男

知りあって、プライベートでも付き合うようになって、早いもので2人は30年来の親友だ。

そんな徳光は「選手時代よりも、監督になってからのほうがより魅力的に見えて仕方ない」と言う。

野球界を始めとするスポーツ界だけの人脈でなく、芸術家や音楽家、文化人、政治家と、幅広く交流の場を広げ、「人間としてのキャパシティを広げて魅力的な人間にならないといけない、という人間作りを原辰徳はやっている」と証言する。

自らを高めることに対して貪欲《どんよく》で、決して妥協《だきょう》がない。

だから、人生で言うと、もうちょっとハンドルの遊びのようなものがあってもいいんじゃないかな。〝F1《エフワン》のハンドル〟みたいな人生を送っているんじゃないかと思います。もう少し普通の自動車のようなハンドルの遊び、ゆとりや隙《すき》があってもいいんじゃないかな。お茶目《ちゃめ》なところもあるけど、それも〝真剣なお茶目〟のようなところがあるんです。

人間を磨《みが》くことに対して、特に、一度、巨人の監督を務めて辞めて、その後、再び監督復帰するまでの2年間は、原辰徳の人生において、とても重要な時期になったのではないか、と徳光は続ける。

最初の政権はガムシャラにやっていたように感じます。監督になったばかりの時はあまり忍耐ということがなかったとも思います。でも、2年で辞めて、その後、堀内さんが監督をやった2年間で、いろいろなことを忍耐せざるを得ない、という時を経て、第2次原内閣が誕生したのではないかな。

あの2年間できっと大きく成長したと思います。

原辰徳を監督として立てた以上、巨人も、監督として、指導者として、育てないといけません。育てるには最低でも向こう5年間は黙って見ると。1、2年で若い原辰徳がすぐ答えを出すというのは難しいですよ。そんなに個性的な人ではないですから。どちらかと言うと、円満解決タイプ。自分の輪の中に選手をおさめたいというタイプでスタートしたわけではない。少しとがった奴《やつ》を自分の輪の中に取り戻さなければいけない、そういう作業をしている途中の段階にチームは強くはなりませんよ。そういう時に、最初の答えを出されちゃって退団したんです。そのことに対して本当に無念でなりませんでした。

でも、間違いなく原辰徳は戻ってくると思っていました。そうでなければ野球自体がダメになると。帰ってきた後の原辰徳は、本当の意味で聞く耳を持つようになったし、忍耐を覚えたと思います。

それまでは、耐《た》えるという人生ではなかったですから。耐え忍《しの》ぶという〝演歌の精神〟を身につけたんじゃないかな。

結果的にはあの2年間がよかったのかなと思います。

ただ、野球人気が落ちたのはあそこです。〝原辰徳の灯が消えた〟という事でね。原辰徳にとっては無駄ではない2年間で、すばらしい指導者として帰ってきてくれたことはうれしいことですけど、野球界にとっては痛い2年間でした。

◇「言葉の魔術師」と呼ばれる男

成長するのは「人間性」だけじゃない。アナウンサーの徳光が驚くのは、原の「話術」だ。

時に、目を見開いて、口元に力を込めて、独特な言い回しで相手を引き込む。そこは、あのミスターに非常によく似ている。番記者の中には原のことを「言葉の魔術師」と呼ぶ者もいる。

スピーチがどんどんうまくなっていくんですよね。何がうまくなってきたかと言うと、一語一句、事前に練習してくるというのではなく、その場の空気を読んで、感じたことを冒頭《ぼうとう》の一句や結びに持ってきたり。これはプロでもなかなかできない。だから、辰ちゃんはそういう「感性」がいい。

話術、という意味では、新聞記者と毎日話をしたり、記者会見をしていると、たまにおざなりになってしまう時があるけど、ユニフォームを着ていないところでのスピーチは実にうまい。彼の野球もそうだけど、人生の中に創意工夫《そういくふう》がある。創意工夫があるからどんどんスピーチも上達する。〝アドリブ〟というやつ。その場の空気を読んで、それをいかに表現するかが大切なんだけど、それがうまい。

ユニフォームを着ていない辰ちゃんに会うことが多いんだけど、その都度《つど》、「参《まい》ったな」と思う。つまり、「原の後にしゃべるのは嫌《いや》だな」と思わせる、そんなしゃべり手になっている。

長嶋さんは自分の世界の独特の言葉で、僕たちを楽しませてくれるけど、辰ちゃんは〝何かいいこと言いそうだな〟と思わせる。言ったことをノートに書き留めたくなる、そういう期待感を持たせてくれますよね。

そんな彼の結婚式の司会を僕はやらせてもらったんだけど、結婚式の打ち合わせをした時、亭主関白《ていしゅかんぱく》だなと思いました。でも、ふとした時に優しいんだよね。

この前、久しぶりに彼の奥さんと3人で食事をした時、奥さんは控《ひか》え目なんだけど、ちょっと旦那と力関係が逆転しているかな、という感じがなきにしもあらずでした(笑)。彼の2回目の監督のお祝いの時も、彼女は相変わらず控え目で「もっと前へ出ればいいのに!」と思いました。

結婚式の司会は、普通、野球選手だったら野球担当のアナウンサーがするじゃないですか。でも、僕のところに司会のオファーがきたことはとても光栄でした。お父さんの貢さんもわざわざ日本テレビのアナウンス室にお越しになったんですよ。結婚が公《おおやけ》になる前で、貢さんには「しばらく内緒《ないしょ》で」と言われました。

◇太陽の輝きを放つ男、いざ世界へ

09年は徳光にとって忙しい年になりそうだ。

テレビ人間が、テレビにクギづけにされ、首ったけになる。

プロ野球は原巨人の3連覇をかけたシーズンになり、WBCもある。原監督率《ひき》いる侍ジャパンに、今から心を躍《おど》らせている。

きっと、眠れない日々が続くに違いない。

WBCの監督というのは何が大切かと言うと、野球界のトップ選手が集まるわけです。そういう選手にとっては監督の采配《さいはい》ではなく、憧《あこが》れる存在の人が監督でなければいけません。それはミスターであったり、王さんであったり。そうすると今の時代は、原辰徳なんです。そういう存在が、監督にならないといけないわけです。

原辰徳が多くの選手が憧《あこが》れる存在というのは間違いありません。監督になってから、さらに魅力が出てきましたね。

原辰徳という人間は、僕にとっても、彼の存在が道しるべになることがあります。だから、僕がライターなら、僕が本を書きたいですよ（笑）。

人間的な彼の成長度合いとか、彼の成長する姿を見ていますと、まず公平な目で物事を見極められるし、人に話を伝えることがうまくなっています。これは同時に、聞き手上手《じょうず》にもなっているということなんですよね。

それから人をそらさない、そういう技術を持っているなと思うんです。ちょっとヤンチャ坊主《ぼうず》みたいなところがあって、それもいい。

そういう生き方を見ていると、刺激を受けるというか、参考になるというか、語り手として〝原辰徳のそういう対応の仕方というのは必要な要素だな〟と彼から学び取ることが多いです。

高校生の原辰徳を見て「太陽」のような存在と感じました。プロになってからは「2度目の太陽」だよね。東京ドームの広島戦、紀藤真琴から放った引退試合のホームランをもし、実況していたとしたら、

「原辰徳という太陽が、大海原《おおうなばら》に雄大に静かに沈み行く！」

そんな感じですよね。そして、

「監督になってまた東の空から上がって来た！」


世間で言う、役者で言う〝華《はな》〟っていうやつです。彼は本当に監督として華がありますす。華がある監督って少ないですもん。辰ちゃんは最初から〝太陽〟と〝華〟を持ってプロ野球界に出てきたなと。彼の後は一体誰が監督をやるのだろう、と思います。——はたしてそういう監督がいるのかな（笑）。

プロフィール

41年3月10日生まれ。東京都出身。立教大学卒業。

63年日本テレビに入社。79年3月からの『ズームイン!!朝！』では総合司会を9年間担当。

88年4月からの『NNNニュースプラス1』のメインキャスターを務める。

89年に日本テレビを退職しフリーに。

原　貢

指導者、それは大きな〝ハート〟

野球界の「スクールウォーズ」だった。

65年、高校球界において、当時まったく無名だった野球部が甲子園に初出場し、全国優勝を成し遂《と》げる奇跡《きせき》を演じた。その学校こそ、福岡県立三池工業高校。野球部を率《ひき》いて〝三池工フィーバー〟を日本列島に巻き起こしたのが、原貢《みつぐ》だった。

その後、東海大学の創設者である総長、松前重義の招きで東海大相模高校の野球部監督に就任し、今度は〝東海大相模〟の名を全国に轟《とどろ》かせる。74年、長男の辰徳が東海大相模高に入学。その後、辰徳の東海大学進学とともに東海大学硬式野球部監督に就任。7年もの間、「父子鷹《おやこだか》」として話題になった。

35年生まれというから今年74歳。しかし、その目は迫力《はくりょく》がみなぎっていた。目をカッと見開き、相手を射抜《いぬ》くように見つめ、しかし、グッと奥深さを感じる、その目力。相手を真っ正面から見つめて話すその姿は、息子の辰徳とやはりよく似《に》ている。

インタビュー取材の約束場所はホテルの喫茶ラウンジ。娘さんであり、辰徳の5歳年下の妹・詠美《えみ》さんを伴《ともな》い、背筋をピッと真っすぐに伸ばし現れた。

◇スターの原点、ター坊の球拾い

昭和40年、私が三池工業の監督の時に優勝したんです。その頃、監督業が忙しくてせがれの面倒をあまり見てやれませんでした。日曜日は練習があるから、運動会にも行かれなかったし、野球の試合も観に行ったことはなかった。でも、トレーニングとして、小学校に入る前から毎朝ランニングをやらせましたよ。一緒に走ったのは、3日くらいでしたけれど、後は自分で走っていました。せがれは、現在ヤクルトの二軍監督の猿渡寛茂と一緒に走っていました。

日曜日は三池工業のグランドに、せがれを私のオートバイに乗せて連れて行きました。ボール拾いをやらせていました。そういうところから野球に入っていったんですよ。

　せがれが小学校2年生の時に三池工業が全国優勝して、ものすごく世間的にも騒《さわ》がれて、「野球はこんなにすばらしいんだ」と感動したみたいです。それから野球をやろうと思った、と本人は言っていました。自然に野球を始めていました。あまり鬼《おに》ごっことか缶《かん》けりみたいな子供の遊びをやっていないんじゃないですか。暇《ひま》があったら三池工業に連れて行っていましたから。

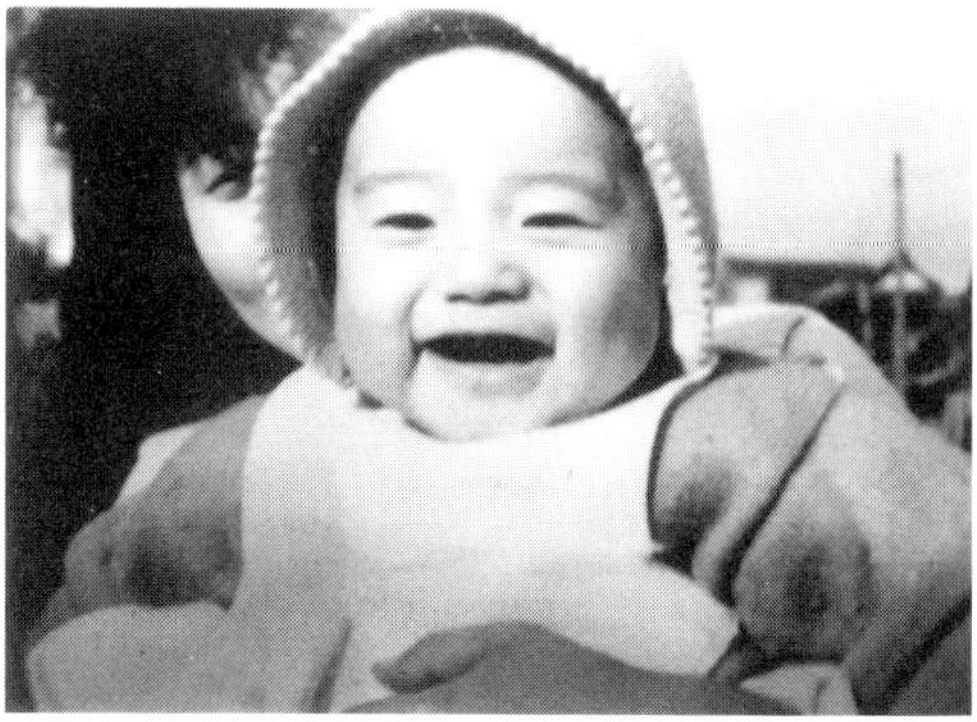
辰徳6か月の頃

　三池工業の部員がせがれを連れていくと「ター坊、ター坊」と言って遊んでくれるんです。せがれも喜んじゃって。
　三池工業から最初にプロに送り出した選手に、広島に入った苑田聡彦という選手がいるんですけれど、彼がせがれとよく遊んでくれました。苑田の弟邦夫も「3番・センター」で活躍して、後に法政大学に進学しました。山本浩二（元広島監督）の1つ下かな。江本孟紀（元阪神）と同級生ですよ。

◇他人の子には1発、せがれには3発

その後、辰徳少年は、神奈川・厚木市立南毛利中学校で軟式野球部に入部。最初は投手だった。

食事中に野球の質問をするほど、真剣にやっていた。しかし、転校した相模原市立上鶴間中学校で2年生の時、昼休みにサッカーボールで遊んでいて右足を骨折。選手としてやっていくには、致命傷《ちめいしょう》となるほどの大怪我《おおけが》だった。貢氏はこの時、野球をやめるよう諭《さと》したという。

この怪我は原辰徳の選手生命を早める結果となった。実は、いまだに右足にはビスが入ったままで、右足のほうが太く、外反している。アキレス腱《けん》が疲労すると吊《つ》りやすくなる、ということは、現役時代もあまり知られたことではなかった。

「高校で野球をやりたい」と言うので甲子園に連れて行ったんです。当時、作新学院高のエースだった江川君の試合も観ました。

1泊で行って、甲子園の試合をひと回り観て、「どこか行きたい高校あったか？」と聞くと、2、3日悩みに悩んで、家内とも相談したようですが、「東海大相模に行きたい」と言ってきました。私は虚《きょ》をつかれました。今度は私が悩む番でした。〃親子の縁を切ってやるしかないな〃と腹をくくりました。他人の子を1発殴《なぐ》るのなら、せがれには3発いかないとみんなに示しがつかないでしょう。

1年の時からレギュラーだったけれど、サードの守備《しゅび》がヘタクソで、私は半殺

父貢と辰徳3歳

しにしたくらいです（笑）。でもみんなそうして伸びていくんだから。こっちは試しているんだから。

野球を続けるというのは半端な精神力じゃだめなんですよ。一流になるためにはみんな涙を流している。こっちは「こいつはどれだけ野球を愛しているのか？」を試しているんだからね。野球が好き嫌《きら》いというのは、もっと前の問題。それが一番大事だよ。

せがれに「もっと前に出ろ！」と至近《しきん》距離で素手《すで》でノックを受けさせたことがあります。あれは〝ボールに向かっていく〟という根性《こんじょう》を見たかった。せがれが野球にどれだけ情熱を持っているのかを試したんです。せがれには何回もそういうハードルを与えたけれど、奴《やつ》はそのハードルを簡単に越えてしまうんですよ。

当時、せがれが憧《あこが》れていた先輩という〝渡辺良〟はね、タイプも性格も体格も似ていたし、同じサードだった。大学でもキャプテンやって、社会人の日産自動車で2年やっていたけれど、24歳の時に肺ガンで亡《な》くなったんですよ。足はせがれのほうが速かったんじゃないかな。足首を骨折して少し落ちたけれど、速かった。小、中学校での足の速さは断トツでしたよ。今でも厚木市の記録は破られていないようです。

◇父子の縁を切った7年間の「父子鷹」

高校の時は〝キャプテン〟を一期上の先輩の投票で決める、という伝統でした。票数ではせがれがトップだったんですけれど、「おまえがキャプテンになるのは父子だからダメだ」と、2位の山口君をキャプテン、せがれを副キャプテンにさせました。

大学でも同じようなことになったんですが、せがれは「僕が一番票が入っている」と一歩も引かなかった。選挙権を持っている年齢なので、今度はキャプテンを了承《りょうしょう》しました。

〝父子の縁を切る〟とは言いながらも、わが子と高校、大学の野球部で7年間を過ごした。「縁を切る、とは簡単には言えるけれど、心は父子さ。つながっているんだから」「性格も似たところがあるんですよ。一緒にやっていてわかるから。自分が現役の時、苦しんだ時の行動をせがれもやっているからね」と父は語る。
しかし、横で話を聞いていた詠美《えみ》さんは「今はそう言っていますけど、当時は厳しくて、お兄ちゃんが本当に可哀想でした」とこぼす。やはりまるで野球劇画『巨人の星』に出てくる光景と同じだ。星飛雄馬が辰徳で、父・一徹が貢、そして2人を心配して木の陰で涙を流して見守る姉・明子が詠美《えみ》さん。劇画の世界と現実のシーンが重なっていた。

東海大学だった当時、法政大学に進学した江川君と神宮大会でやった時、試合前の練習で絶不調だったせがれに厳しくやりましたよ。そうしたらホームランを打ったんです。江川君が4年の時で、せがれは1年でしょ。江川君は大学の時すでにピッチングが完成されていましたよ。ピッチングのコンビネーション

父貢と生まれたばかりの詠美と辰徳5歳

とか見ていてすごく〝省エネ投法〟でしたね。

うちには遠藤一彦（元大洋）がいました。ブルペンですごくいいフォークボールを投げていましたけれど、「試合では絶対投げるな」と伝えていました。「おまえは直球とスライダーだけでいい。フォークはプロに行ってから投げろ」と。プロ行ったらフォークが冴《さ》えに冴えわたっていましたから。

でも、せがれが巨人に入ったら遠藤をカモにしていましたけれどね。「彼の給料の半分は僕がもらってもいいですけどね」と遠藤は冗談言っていましたよ（笑）。せがれが1年の時に遠藤と同部屋だったんです。とにかく遠藤は几帳面《きちょうめん》だったらしい。お裁縫《さいほう》も遠藤はしていましたしね。それくらい几帳面でした。


7年間の「父子鷹」を経て、息子は父親のもとを卒業する時がやってくる。80年、辰徳はドラフト会議で巨人に1位指名され、プロ入りが決まる。「ドラフト当日、あの時、藤田さんがクジを引いてなかったら？」と聞かれる度に、父は「何も考えていません。私は巨人に行くものだと思っていたから。そういう運命だったんじゃないかな。すごく興奮《こうふん》したのは覚えている」と淡々《たんたん》と答えることにしている。

しかし、本当は、あの時の父は、だれかれ構わずに手を取り、「ありがとうございます！」と頭を下げ、気持ちを高ぶらせていた、と詠美さんは言う。『巨人の星』でいえば、鬼の一徹が初めて父の顔を見せた瞬間だった。

◇「積極的攻撃野球」の伝承者

〝辰徳〟という名前の由来は、私の父親の名前の〝辰次郎〟と、家内の父親の名前の〝徳次〟から一字ずつもらって〝辰徳〟にしたんです。〝辰徳〟は画数的にもよかったしね。〝辰徳〟と二字にしたのは、だいたい原という名字の人は名前が一字の人が多いの。原敬とかね。サインする時に名字と名前を合わせて二字だとバランスが悪いんですよ。それが嫌《いや》だったから。姓名判断では、いい画数みたいだったしね。

せがれは人に迷惑かけないように育った。監督なり指導者になって、怒ってもいいけれど、人に恨《うら》まれるようなことはしちゃいけない。心のこもった指導は怒ったとしても後には残らない。持って生まれた人間性がそうさせるんです。せがれの周りへの気《き》配《くば》りには本当に驚きます。食事に行くと「健康のためにあれを食べろ、これを食べろ」と、まあ、うるさい！　それは人を使う時に大事なことですけれどね。一時が万事、すべてのことにつながります。かゆいところに手が届く、というか、すごいですよ。俺が自分の父親にそこまでするか、といったら絶対できないですよ（笑）。

貢は教え子に「攻めの野球をしろ」と指導する。

9回2死1点ビハインドの状態でも、一塁走者を盗塁させるのが、原貢野球。送りバントやスクイズをあまりしない、という采配《さいはい》は〝三池工フィーバー〟の頃、新しい野球と注目された。それは東海大相模高の監督として甲子園に出場した時も、野球ファンをあっと驚かせた。

74年、息子の辰徳を率い、「父子《おやこ》鷹《だか》」として出場した甲子園。2回戦で茨城・土浦日大高と対戦し、相手投手の工藤一彦（元阪神）に手こずり、2対3と敗色濃厚で迎えた9回、2死一塁からなんと盗塁を敢行《かんこう》。次打者の同点タイムリーヒットにつなげ、延長16回、サヨナラ勝ち。「あれが僕の野球の原点です」と言い切る辰徳も、その試合、1年生ながら2安打を放って華やかな全国デビューを飾った。

原辰徳は指導者として、そうした父の積極的攻撃野球の継承者になりえたのだろうか。

せがれが巨人の監督になる時に、山形の天童市から将棋盤《しょうぎばん》と駒《こま》を取り寄せて、プレゼントしたんです。将棋の駒と選手は似たところがあって、ポジションが決まっているじゃないですか。だから、将棋を覚えなさい、と。いかに駒をうまく動かすかが勝敗を左右するから、とね。先を読むということは、過去の記憶がないとできない。前だけ読むのではなくて、過去があって前を読むんです。

プレゼントした当初は、一緒に指《さ》しました。

最初の監督の時は心配したけれど、去年は全然心配しませんでした。07年に一度大きな失敗をした時があって、せがれから電話がかかってきたんですよ。野球解説者はせがれに批判的なことを述べていましたが、「気にしなくていいよ」と言ってやりました。ゲームの流れをいかに監督がつかむか、ということが大切だからね。

◇野球の師として、父として

私は選手の手をよく見ました。投手はきれいじゃなくちゃいけないんです。つめはクリームを塗《ぬ》らないと割れてしまうでしょ。それと、マメが出来た時に、そこがひび割れしてバイ菌《きん》が入ったりする。だから、投手は風呂《ふろ》に入った時にしっかり指の先をきれいにするような人じゃないと務《つと》まりません。

野手の手はバットを振ってマメができる箇所があるんです。いいマメと悪いマメがある。あと足にも親指の裏側の下の方に、マメができるんです。そういうのを見ます。だから、中学校からセレクションで来るような選手は、グラブと手を見たら、だいたいわかります。道具をちゃんと手入れできるような人間じゃないとダメですね。それが〝心〟なんですよ。

野球のうまい、ヘタ、以前の問題だから。心の準備を口酸《くちす》っぱく言っていましたからね。一番大事ですよ。昔は新しいグラブを買ってなじむまで1か月かかりました。でも、今は寸法を合わせて作ってくれたりして、すぐ試合で使えてしまう。だから〝魂《たましい》〟が入っていない。武士で言うなら鎧《よろい》であり、刀はバットだから。そういう精神は必要なんです。

だから痛さを知るために「ノックを素手で受けろ！」と言ってやらせるんですよ。受けさせて選手に〝グラブって大事だろ〟と教えさせるんです。そういう指導は必要ですよね。

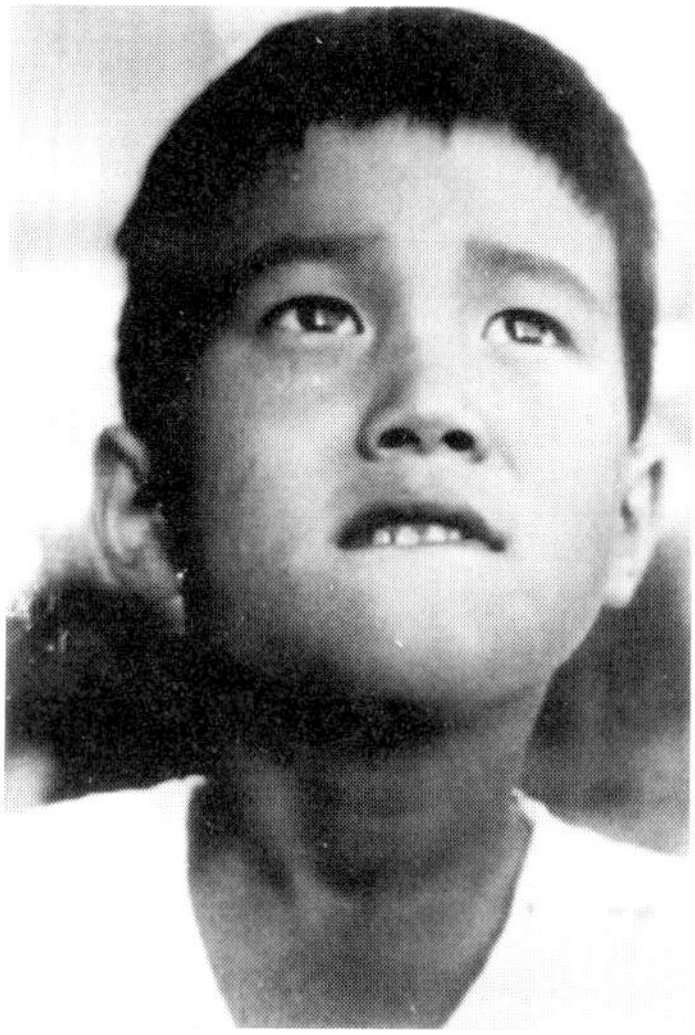
辰徳７歳

高校生には、1年生も3年生も一緒に、きれいに芝を刈《か》らせてから練習を始めました。それが原点。それを教えておけば、人間的にもきちっと成長するというね。クラブ活動というのは人間教育の場だから、ただ野球を教えるだけの場所ではない。せがれはそれをどこかで受け継いでいるんです。

ちょこっと行って野球を教え

るような指導者じゃダメなんですよ。いいところだけ教えて引き返して、また1か月後にちょこっと行って能書《のうが》き垂《た》れられたら困るって。僕はそういうのが嫌だったから、現役の時は選手にベッタリとくっついて教えていましたよ。そうしないと本当のものが教えられないから。せがれもそれは十分、わかっていると思います。

だから「暇があったら二軍に行って選手を見てこい！」と常に言っています。そうしないと二軍の選手が育たないから。種を蒔《ま》かないで自然に芽《め》が出てくるわけないだろと。それを本人は十分理解しているみたいですよ。

巨人が08年の春季キャンプから取り入れているＡＢＣの各３つの班に分けた振り分け制度も、このあたりの考え方から来ているのかもしれない。キャンプインという最初のスタートラインから一、二軍とに分けてチームを作り始めるよりも、その壁をいったん取り払って、風通しをよくした上で首脳陣がすべての選手に目がいくようにする。

それこそが、育成の原点であるということを、原監督はわかっているからこそ、実際に、キャンプでは若手中心のB班を積極的に指導する。選手もそれに応《こた》えるように活気を持ってやっている。昨シーズン（08年）の球史に残る13ゲーム差をひっくり返してのリーグ優勝も、台頭《たいとう》した生《は》え抜《ぬ》きの若手という存在がなければ、成し得なかったことだ。

一軍と二軍が同じ球場で練習をやらないとダメなんです。設備などの問題もあるかもしれませんけれど、まるっきり違う場所でやっている球団が多いですよね。監督が見に行けないじゃないですか。それじゃダメなんです。若手もそれじゃ希望をなくしますよね。キャンプに行く時に「おまえ二軍だ！」と言われたら終わりみたいな感じになるから。投手は一軍の連中が底をついたら上がれる可能性はあるけれど。

私は「おまえと心中できるかどうかを決めているんだよ」と選手たちにはよく言っていました。

殴《なぐ》られて「痛い！」とか、あまり言うなよと。その時に試して厳しくやるんだと。それに耐えた奴は〝よしっ、こいつと心中しよう！〟みたいな。レギュラーは選手たちではなくて私たち指導者が決めるんですから。巨人には心中できるような選手が何人もいるじゃないですか。

原辰徳も「こいつと心中できるか」という表現をよく使う。それは、一番身近な指導者であった父の影響を色濃く受け継いでいるからだった。

〝監督と教え子〟という関係ではあるが、原貢は教え子たちに対して「一生面倒みてやる！」といった気持ちで〝心〟の付き合いをしてきた。今でも「これやるぞ！」と号令をかけると、もう60歳を過ぎた卒業生たちでも全員〝右へならえ！〟になるのだという。

単に、グランドだけのつながりではなく、もっと深い人間としての結びつきがある。だから、教え子たちとは家族ぐるみの付き合いが残る。国際武道大学の岩井美樹《よしき》監督ともそうだ。

毎年12月の第1土曜日に、三池工業の関東地区の忘年会をやるんです。

「まだ監督に殴られたところ、へこんでいますよ！」と私にそこを見せてきたりする者がいますよ（笑）。今だったら大変な問題になっていますね。でも、当時はどこの監督もそれくらいのことはしていました。

私は、先輩が後輩を殴るのは嫌《きら》いなんです。だから、先輩が後輩に手を出した時点で、そいつはクビにしていましたよ。

先輩後輩は〝兄弟〟みたいなものですよね。「おまえの本当の弟だったら殴れるか？」。いや、他人の子だから殴るんですよ。私はオヤジだから、オヤジが息子を殴るのは、当時は当たり前でしたからね。みんな、怖い、怖い、とは言っていたけれど、腹の中では何とも思っていなかったでしょう。

レギュラーになる前の選手を、僕は殴っていたんです。テストしているわけだから。

三池工業優勝記念の盾を持つ父貢
向かって左が辰徳（7歳）

レギュラーになった後は、簡単に辞めさせるわけにはいかないんです。だから、その一歩手前のハードルが一番大事なんだと。仕事でもそうですよね。主任になる一歩手前で相当な負荷《ふか》をかけられるじゃないですか。それと同じです。殴られた選手は〝もうすぐレギュラーだな〟と思ってやっていましたしね。だから、殴られるのが〝喜び〟に変わるわけなんです。みんなそう言いますから（笑）。だめだと思った選手はお客さんですよ。「怪我《けが》しないようにこっちでやっとけよ」みたいな。曖昧《あいまい》な考えの奴《やつ》にはユニフォームを着せるわけにはいかないんです。

貢にかつて、厳しくも深い愛情で鍛え上げられた教え子たち、東海大相模の野球仲間、そして東海大学時代の愛弟子《まなでし》でもある国際武道大学の岩井美樹監督らにとって、注《そそ》がれた〝愛のムチ〟というのは、今となっては懐かしきよき思い出であり、同時に、人生において、これまでもこれからも生きていく上での確かな指針になっている。

親と子のような固い信頼関係で結ばれたからこそ、当時から何十年という年月が流れようとも、その関係が崩《くず》れることは決してない。

◇「愛」、そして「ハート」

私は、せがれが今年、WBCの監督になる時に「絶対に自分からは受けるなよ」と言ったんです。どうしても、とみんなが言うなら、引き受けなさいと。よかったのは、今まで〝王JAPAN〟とか〝星野JAPAN〟とかつけられたけれど、今回は〝侍JAPAN〟でしょ。これを言った時の周りの反応はすごかったじゃない。いい名前でしたよね。本人は大変だと思うけど、がんばって欲しい。

せがれも長くは巨人の監督にいないだろうし、監督を育てるのは、最低10年はかかるじゃないですか。技術的な問題ではなくて、〝ハート〟だから。指導者は〝ハート〟ですよ。指導者は職人ではないんだから。

彼自身、隠しごともしないし、親だから褒《ほ》めるわけではないが、あいつは人間的には百点満点ですよ。人に迷惑をかけることもしないし、巨人の監督になったら天狗《てんぐ》になりそうなところ、そういう部分もまったく見せないし、面倒見もいいし、本当に偉《えら》いなと思います。親としてではなく、一監督としてたくさんの生徒を見てきて、そう思う。悪口を言う人は1人もいないでしょ。

Tokai

せがれの人間性がすべて野球に出ていると思います。お利口《りこう》さんになる必要はないからね。自分の野球への信念を通せばいい、変に色気を出さずにとにかく真面目に野球をやればいいんじゃないですか。そうすれば自然といい成績がついてきますよ。

プロフィール

35年3月30日生まれ。佐賀県出身。
福岡県立三池工業高等学校野球部監督に就任。
無名校を初出場にして高校野球全国大会優勝へと導き、三池工フィーバーを起こす。
その後、東海大相模高校野球部の監督に就任。
74年には長男・辰徳が入学し、「父子鷹」としても話題に。
77年辰徳の東海大学進学と共に東海大学硬式野球部監督に就任。
現在は東海大学系列校野球部総監督。

「人間・原辰徳」を語る多くの方に出会った。

語られた内容を活字にできたのは、実はごくわずかで、そうやって伝えられたのも、一部分でしかない。本当はもっともっと、知られざる彼の素顔が、まだまだある。

ただ、多くの出会いの中で、最後に会った原貢という1人の野球人の言葉は、原辰徳という名の人間のパズルがあったとすれば、手にする1ピースが次々と空いていた部分にピタリとはまっていくような、奇妙な快感すら覚えた。これは何だったのか。

父子だったからこそ出会った野球。高校の時には、その縁を絶ちきるところから始まった野球。想像を絶するような厳しさの中で生まれた信念の野球。そして、その中にそれでもあった、確かな父子の愛情。そんな2人が真っ正面からぶつかり合い、嘘や偽りなく、真っ正直に熱く生きる姿は、周りの者の心をゆさぶり、それがいつしか2人への信頼と愛に変わり、2人はそうした周りの者たちに勇気を与える。その「人間力」とでもいうべき生きるエネルギーがひたすら強くあり続ける。

それが原辰徳の人間らしさなのだ、と気づかされた。

「この人についていけばいい」という信頼感と安心感。

父子に共通していた迷いのない口調と、引き込まれるような魅力。

周囲の者は、それを「カリスマ性」という言葉に置き換える。

その魅力に、魅了されたからこその、奇妙な快感だったのだろうか。

だから、原辰徳は、これからもスーパースターであり続ける。

きっと、永遠に。

今井美紀

『原辰徳―その素顔―』年譜

58年　7月22日、福岡県大牟田市で**原貢・勝代**の長男として生まれる。
65年　大牟田市立平原小学校に入学。
　　　8月22日、父・貢が監督を務める三池工業高校が夏の甲子園で初出場初優勝。
71年　厚木市立南毛利中学校に入学。
72年　南毛利中学校から相模原市立上鶴間中学校に転校し「軟式野球部」に所属。
74年　東海大相模高校に入学。父・貢が監督を務める「硬式野球部」に入部。
　　　8月17日、夏の甲子園で延長15回の末、定岡正二（元巨人）擁する鹿児島実業高校に敗れる。
　　　10月14日、**長嶋茂雄**選手が現役引退を表明。
75年　4月6日、春の甲子園で高知高校に決勝で敗れ準優勝。
77年　東海大学に入学。父・貢も同時に東海大学野球部の監督に就任。（当時**岩井美樹**4年）。
　　　11月7日、秋の明治神宮野球大会で、法政大学のエース**江川卓**からホームランを放つ。
79年　日米野球で早稲田大学の岡田彰布（当時4年・前阪神監督）と「3番・4番」を組む。
80年　日本で開催された「アマチュア野球選手権」で大学生として唯一選ばれる。
　　　10月12日、**王貞治**選手が現役引退を表明。原はドラフト1位で巨人に入団。
81年　4月4日、開幕の対中日戦にスタメンで出場。中日の**牛島和彦**投手から初安打、翌日は小松辰雄投手から初ホームランを放つ。この年の新人王を獲得。
82年　3割30本塁打100打点を達成してMVPを獲得。
89年　10月26日、近鉄との日本シリーズ第5戦で吉井理人投手からシリーズ初安打となる満塁ホームランを放つ。チームも日本一。
92年 7月、参議院選挙でスポーツ平和党から出馬した**江本孟紀**氏の応援演説。
94年 9月7日の対横浜戦、**長嶋茂雄**監督から「代打・一茂」を告げられる。
95年 10月8日、現役引退を表明。
ドラフト2位で入団した**仁志敏久**選手が背番号8を継承。
96年 NHKの解説者に就任。自動車のCMでイチローと共演。
99年 長嶋監督のもと巨人の野手総合コーチに就任。
00年 長嶋監督のもと巨人のヘッドコーチに昇格。
01年 9月29日、長嶋監督に代わり巨人の監督に就任。
02年 原監督が正捕手に抜擢した**阿部慎之助**選手がベストナインとゴールデングラブ賞を受賞。チームも日本シリーズで西武に球団史上初の無傷の4連勝で日本一。
11月1日、**松井秀喜**選手がFA会見を開き、ニューヨーク・ヤンキース入りを表明。
03年 監督を辞任。
04年 4月〜05年12月、**小倉弘子**アナウンサーとTBSラジオ『原辰徳のいきいきトーク』で共演。
05年 堀内監督の後任として再び監督に就任。
07年 9月6日、ルーキー**坂本勇人**選手が中日戦で初安打初打点を記録。
10月2日対ヤクルト戦でサヨナラ勝ちを収めリーグ優勝。
08年 10月10日、阪神との最大13ゲーム差を逆転してリーグ優勝。
10月28日WBCの監督に就任。

あとがきにかえて

今回取材に応じてくださった長嶋さん、王さんを筆頭に、大先輩や現役選手、そして同級生の言葉は、大変貴重なものであり、興味深いものでした。先輩、後輩、友の影響力、これまで接してきた方々、「この人たちに育ててもらっている」ということを改めて感じます。仮に相手に「勉強になった」と言ってもらっても、こちらもたくさんの勉強をさせてもらっています。

私にとって野球とは——、その答えを求めて、まだまだまだ突っ走っています。突っ走っている最中です。振り返るには早すぎる。人との出会いはもちろん、さまざまな出来事に、新鮮さを感じています。まだまだ〝ＩＮＧ（現在進行形）〟でいたい、野球ＩＮＧなんです。

幼い頃から父の影響で野球に出会い、野球は人生そのものです。

ずっと突っ走っている中、ひとつの変化は、現役が終わったときにありました。「人生は他動的だ」と強く感じたのです。その言葉は、周りがあって、自分があるということです。

それまで選手でいた自分は、前に前に進めばいい、自分があって野球がある、うまくなりさえすればいい、という考えの中にいました。現役をやめ、キャスター、コーチ、監督を経験して、「人生は他動的」周りの影響力、先輩、後輩、友の支え、どれほど大きなものか。

これらがあってこそ、自分があると感じています。

すべてへの感謝の気持ちを忘れずに、まだまだ突っ走っていきます。

平成二十一年二月

原辰徳

企画	寺崎　敦（株式会社 no.1）
DTP	ゴルゴ斎藤
ブックデザイン	福味加代
編集協力	株式会社エイトコーポレーション
	株式会社読売巨人軍
	宮本　良
	小林淳司
	岡村達盛
	中山祐子
写真協力	福島　省（カバー写真）
	株式会社報知新聞写真部
	株式会社産経新聞社
編集担当	斎藤俊樹（三修社）
営業担当	黒田健一（三修社）

本書のデータや所属・役職等は 2009 年 3 月現在のものである。

原辰徳《はらたつのり》—その素顔《すがお》—

2009年3月20日　第1刷発行

取材・編者———今井美紀

発行者———前田俊秀
発行所———株式会社三修社
〒150-0001　東京都渋谷区神宮前2-2-22
TEL 03-3405-4511　FAX 03-3405-4522
振替 00190-9-72758
http://www.sanshusha.co.jp/

印刷・製本———萩原印刷株式会社

ISBN978-4-384-08888-5 C0095